思维风暴

欧阳铮◎著

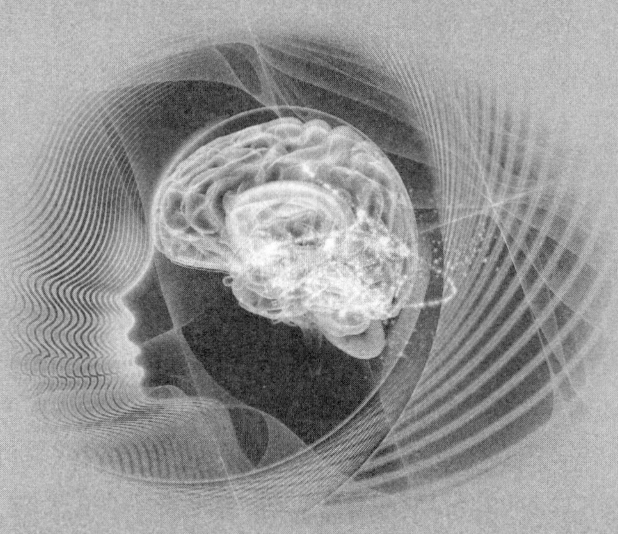

中国商业出版社

图书在版编目（CIP）数据

思维风暴 / 欧阳铮著. -- 北京 : 中国商业出版社,
2019.8
ISBN 978-7-5208-0851-4

Ⅰ. ①思… Ⅱ. ①欧… Ⅲ. ①思维方法 Ⅳ. ①B80

中国版本图书馆CIP数据核字(2019)第165453号

责任编辑：朱丽丽

中国商业出版社出版发行
010-63180647 www.c-cbook.com
（100053 北京广安门内报国寺1号）
新华书店经销
三河市宏顺兴印刷有限公司印刷
*
880毫米×1230毫米 32开 6印张 130千字
2019年9月第1版 2019年9月第1次印刷
定价：39.80元
* * * *
（如有印装质量问题可更换）

序／思路决定出路

一个人一辈子能过上什么样的生活？或富贵，或贫穷，或精彩，或平庸，有人说那是命，有人说那是运。其实都不对，应该是思维——思路决定出路，思路决定命运。

当你抱怨生活需要精打细算时，你的思路就是保守，不敢放手一搏；当你埋怨工作不被领导重视时，你的思路就是得过且过，当一天和尚撞一天钟。你所经历的一切，皆有因果。所以，你能过上怎样的生活，完全取决你拥有怎样的思维。

思维是什么？思维是前进路上的一盏明灯，给你往前走的希望和努力的勇气；思维是行动的先导，给你指明前进的方向。不同的思维会带来不同的行为，而不同的行为又带来不同的结果。所以说，思维比努力更重要。

想想我们平时的工作，总会有不顺利的时候。遇到问题，你有没有清晰的思路？我们每天要处理许多事情，你都是怎样对待的？大多数人都能够全身心投入，有条不紊、高效率、高质量地完成任务，但也有极少数人整天发牢骚，抱怨事情多了，思维乱了，做事没头绪，时间久了，就产生厌倦情绪。以上两者的区别在于，有没有清晰的思路，有没有按照思路去做。其实，只要思路正确，调整好心态，工作就能够变得简单愉快。

思路是行动的指南，思路的正确与否，往往决定了人们行动的方法与速度。在成功学上，有一个著名的命题：人想改变命运首先应改变性格，要改变性格首先应改变习惯，要改变习惯首先应改变行为，要改变行为应首先改变思想，要改变思想应首先改变心态。一个人想要成功，就必须树立正确的心态，改变陈旧的思想，确立正确的发展思路，然后才能让行动慢慢开花结果。

好思路同样是企业发展和壮大的先导条件，有好思路才能在不断变化的竞争中形成正确的思想和决策。市场的竞争在某种意义上是企业领导者和企业智囊团在文化上的竞争，他们的背后则是思想方法和思维层次的竞争。

改变思路，从无路处找到出路，才能变不可能为可能。世界上原本没有路，我们走过了就成为路，在别人认为无路的地方架起一座高架路，我们就占尽先机把对手甩在身后。

世界上没有能不能成功的问题，只有你想不想成功的问题，因为在心灵大门输入指令的好与坏，就是结果的好与坏。人世间的一切奇迹都是因为有好思维、好思路的结果。

目录
CONTENTS

第三章 | 换位思维：角度不同，答案不同

第四章 | 逆向思维：反过来想，总是反过来想

第五章 | 发散思维：脑洞有多大，舞台就有多大

第六章 | 收敛思维：从核心解开问题的症结

第七章 | 加减思维：有所为，有所不为

绪　论

值不值钱，就看你懂不懂得思考

并不是花在工作上的时间越多，我们的工作效率就越高，获得的利益就越大。我们要学会休息，懂得思考。你越是不值钱，越要停下忙碌的脚步，给思考多一点时间。“学而不思则罔，思而不学则殆”，只有在忙碌与思考之间作出理性的选择，才能成为一个高效率的勤奋者。

思维，思维，还是思维

思路决定了一个人的出路和人生的高度。在走向人生富有之路的过程中，最关键的不是拥有资金，而是拥有一流的思维。只有看到别人看不见的东西的人，才能做到别人做不到的事情。

一位富翁去一个风景秀丽但是很贫穷的地方游玩，在领略大好河山的同时，也被当地的贫穷所震撼，于是，他有了想投资帮助这里的人改变生活的想法。就在这个时候，一个放牛娃赶着一头牛从他面前经过。

他问这个放牛娃："你每天放牛是为了什么呢？"

放牛娃说："为了赚钱啊。"

"那赚了钱要做什么呢？"

"为了娶媳妇。"

"娶媳妇为了什么呢？"

"为了养娃。"

"养娃又为了什么呢？"

"为了放牛。"

听了放牛娃的回答，富翁颇为感慨，于是他放弃了自己的投资计划。

一个摆脱不了贫穷思维的孩子注定要延续父辈的贫穷。我们不应当嘲笑一个放牛娃的梦想，但是我们可以感受到，如果一个人的头脑囿于惯性思维的桎梏，将会是一件非常可怕的事情。

在现实生活中，大多数人都很努力，都很拼搏，很多人甚至不缺资金，也不缺技术，但始终与自己的梦想相去甚远，归根结底，是因为缺少一流的思维。

曾经，马云和你我一样，是普通人家出身的普通人，也有着普通的人生。他说过："如果我马云能够成功，我相信中国80%的人都能成功。"人和人之间最大的不同不是出身，不是智商的高低，而是思维。正是马云不断进取的成长思维，使他成了一流的企业家。

从普通教师到中国的顶级富豪，马云创造了巨大的财富。对于大多数人来说，要创造等量的财富，几辈子也难以实现。一个人的思维决定了他的创富能力。高端的人才，往往是一流的思维加一流的行动；普通的人才，是三流的思维加二流的行动；大多数人则是晚上想想千条路，早上起来走原路。这其中的差别可想而知。

2004年10月，美国著名杂志《商业周刊》上刊登的一篇文章，可以让人们对思维价值有更为直观、深刻的认识。这篇名为"最佳商学院排名"的文章中披露：通过对雇佣MBA学员的公司进行调查，发现最受公司欢迎的是芝加哥大学的毕业生。

按理说，应该是名校的毕业生更受欢迎，但事实是，这所学校培养了大批"经济神童"。之所以会出现这种现象，是因为这所学校非常重视培养MBA学员分析问题和解决问题的思维能力。

如今，我们置身于一个快速变化的时代，各种新事物、新业态、新观念、新技术等层出不穷，想要在这种变化中乘风破浪、扬帆远航，必须要快速转变自己的思维，使其跟上、甚至快于时代的变化节奏。如果认识不到这一点，或是只是认识到，而不愿意做出改变，只能沦为落伍者。

高手都在用思维赚钱

赚钱，不但需要把握住趋势，而且要有一个正确的方向，至少头脑中要清楚：干哪些项目赚钱，怎么用资本赚取更多的利润，需要学习哪些理财技巧，需要做出哪些改变。那些赚钱高手，往往不是因为做生意的手腕有多么高明，而是通过自己的思维产生了更多的附加值。

一次，一位做铜器生意的父亲问儿子："一磅铜的价格是多少？"儿子回答说："35美分。"父亲有些不高兴，对他说："几乎所有人知道每磅铜的价格是35美分，但是作为犹太人的儿子，你应该说是35美元或者更多，如果不信，你可以将一磅铜制成一把乐器试试。"

父亲去世后，儿子一个人经营铜器店，他做过铜鼓，做过手表的簧片，做过奥运会的奖牌，他将一磅铜的价格卖到了几美元，或是更多。因为他一直没有忘记父亲的教诲："当所有人都认为一加一等于二的时候，你要让它等于三或者更多。"

众所周知，犹太人拥有过人的经商头脑，虽然我们无从考证这是否得益于遗传，但现实中他们所表现出来的经商智慧，很大一部分源于他们从小就接受的用智慧赚钱的思想。如果故事中的父亲不是教育孩子在经商中运用智慧，那么在孩子的眼中，铜的价格就是35美分。

犹太家庭里的孩子们，常常会回答类似这样的问题：如果有一天你的房子突然被烧了，你的财富也将化为灰烬，你会带着什么东西逃命？几乎所有的小孩子都会回答：一定要带钱，因为没有钱就没有办法生存。当然，也有一些孩子说，要带着钻石或者珍宝出逃，因为这些东西不会贬值，不管到什么地方都有用。这时，父母就会循循善诱地问："钱财珍宝终究会有用完的一天，那时，你靠什么生活呢？"就在孩子们备感困惑的时候，他们会说："要带走的不是钱财，也不是珠宝，而是智慧。因为你所拥有的智慧是任何人都抢不走的。你只要活着，智慧就永远跟着你。"

他们不但把这种理念灌输到孩子的思维中，而且要求他们在实践中亲自去验证。正是这种良好的教育方式，使得犹太人成为世界上最有智慧头脑的民族，无论是在科学、哲学，还是商界，都有他们的精英。

在聪明人眼中，任何东西都是有价值的，都能失而复得，只有智慧才是人生无价的财富。但是在我们的身边，更多的人只拥有"一磅铜值35美分"的思维，所以，他们就只能做35美分的生意。那些认为铜的价格是35美分数倍的人，并不是他们的生意和别人的生意有什么差别，而是他们在生意中加上了智慧，智慧是无价的。

在现实生活中，大多数人靠体力劳动赚钱，少数人凭借一技之长赚钱，只有极少数人是用脑袋里的智慧赚钱。正如二八定律说的那样，百分之二十的人掌握着百分之八十的财富——财富总是掌握在少数人手里，也只有少数人可以做高回报的生意，大多数人的勤奋、忙碌，只是在让自己避免贫穷，却不能让自己变得富有。

同样的行当，同样的生意，靠体力，只能换得衣食无忧；靠技术，可能会达到小康的生活水平；靠知识，可以过上财富自由的生活；而靠智慧，则可以步入富裕阶层。

并不是每一个富人都天生聪明，他们小时候也会选择金钱而忽视智慧。当然，平凡的大多数人也不是生来就愚钝，只是他们的思维没有被打开，陈旧、传统的观念束缚了他们。想改变他们的思想观念，就如同让他们浴火重生、脱胎换骨一般，实在有些难。

在财富时代，体力、技术甚至知识带来的财富都是有限的，只有用思维与智慧带来附加值，才能真正成为财富的主人。

别用肢体的勤奋弥补脑子的懒散

今天，给我们生活带来便捷的冰箱、空调、洗衣机等，都归功于一个伟大的科学家——迈克尔·法拉第。

有一次，法拉第做即兴演讲，为观众演示电磁感应现象。刚开始，人们还不了解这一现象，其中有一位妇女产生了这样的疑问："这个东西有什么用？"法拉第随即反驳道："夫人，一个新生的婴儿有什么用呢？"

其实，生活中的许多人都与这位妇女一样，虽然他们总是很努力，很勤奋，但是对新问题、新事物有一种天然的抵触，且不愿意改变自己固有的思维模式。有一个年轻人，一时心血来潮，买了很多书回来。但是，他用大把的时间游玩、社交，却很少花时间读书。对他来说，买书这件事很容易，但是要看书就比较困难了。更为困难的是，让他深入理解书中的方法，掌握书中所讲的技术，并运用于具体工作中。

不管做什么事，如果思维懒惰，注定碌碌无为。脑子懒惰的人，通常会表现出如下几种思维特点：

1.不想破坏固有的逻辑框架

当他们的观点或是意见被质疑、否定，或是遇到挑战时，他们首先想到的不是"对方的合理之处在什么地方"，"对方的理由是什么"，而是不假思索地反驳，或是习惯性地接受。对别人的观点，他们既不愿意用一种全新的思考模式来分析，也不愿意打破自己固有的逻辑框架，更不会用对方的逻辑框架来思考。

许多时候，我们都需要打破原有的思维框架，根据当前的情况重新构建思维逻辑框架，这样，才能把握住问题的关键。

2.不能深入地剖析一件事情

遇到事情不愿意深入分析， 经常做到“大概”“也许”“可能”“差不多”就好，而不去梳理事情的脉络，去推敲每个环节之间的逻辑关系。这也是一种典型的思维懒散的表现。

在公司的月度会议上，当谈到上个月的销售情况时，董事长让销售一部的A经理先总结一下该部门的情况。A经理说：“总的来说，还是很不错的，这个月虽然部门少了几个人，但是业绩还是有了大幅的提升。我想，如果再吸纳一些优秀的新人进来，我们下个月的业绩应该会更好，嗯，对了……”

董事长说：“长话短说，直接点儿，上个月的销售额是多少？”

A经理翻了翻本子，说：“我记得好像是200多万吧。”

董事长说：“现在请销售二部的B经理来谈下你们部门的情况。”

B经理说：“上个月我们部门的销售额是354万，五月份同比增长13.6%，销售成本89万，同比下降19%，在员工培训方面，部门支出13万……”

B经理还结合PPT、各种报表给大家直观展示部门的运营情况，让人一目了然。

相比之下，B经理对部门的运营情况做了深入的思考与分析，A经理只是泛泛而谈。照此下去，A经理的位置危矣。

思维懒散，肢体再勤奋也解决不了核心问题、瓶颈问题。只有深入分析一件事，分析透彻，才能抓住问题的本质，才能避免犯一些低级错误。

3.不会转换自己的思维

大多数人都习惯正向思维，即按正常的逻辑来分析、推理一件事情。而脑勤的人善于变换思维，此路不通，就换条路试试，或是反其道而行。

A的脑瓜子比较灵活。在公司的年会上，老板说："我给大家出一道题，谁最先答上来，奖手机一部。题目是这样的：某人30元进了一双鞋，零售价40元。一顾客来买鞋，给他一张100元币，某人找不开，便去找邻居换了这100元，然后找给了这个顾客60元。后来邻居发现这100元是假币，某人只好又还了邻居100元。请问，在这期间，某人一共损失了多少钱?"

有人说"100元"，有人说"70元"，答案五花八门。A说"一双鞋加60元。"

如果按常规思维，只有20%的人可以答对这道题。虽然采用财务上收支两条线的方法也可以算出答案，但是还有一种更简单的方法，就是逆向推导："某人"损失的钱，不就是"顾客"赚走的钱么。

优秀的人，不但身体勤奋，而且思维也很勤奋。他们大多时候能做正确的事，能正确地做事，有格局，有眼界，很少会犯重复的错误，所以是高效率的勤奋者。

跳出思维的坑，别被习惯拴死

不少人都听过这样一个故事：

一头小象被一条粗壮的铁链拴着，它无力挣脱。时间久了，它就不再挣扎了。后来，粗链子换成了一条细细的链子，它只要稍微用力，就可以挣脱，但是它没有挣扎。等它长大后，小细链子也被取掉了，它的脖子上什么也没有，但是，它一直在经常活动的区域走动，从来不跨出这个区域一步。

习惯的力量就是这么强大！

在现实中，有太多的习惯拴住了我们，使我们如线上的木偶一样，按照既定的程序生活，身心疲惫却碌碌无为。如果我们能跳出惯性思维的坑，许多问题就不会成为问题。

人们不断重复使用某种固守的观念，时间久了，这种观念会固化为一种规则。一旦我们默认了这种规则，就会把它当作行事的准则，甚至是真理。一切与之相悖的观念都可能被认为是错误的，是非主流的。

遵循规则不一定是坏事。大到整个社会体系，小到做一件事，都需要遵循某些规则，否则，整个社会会混乱不堪。对个人而言，在不违背道德、法律的前提下，如果某个规则对自己有益，我们会信守这些规则，但是如果这个规则会妨碍我们思考，甚至会成为我们前行路上的羁绊，我们就可以考虑改变这种规则。即使无力改变，也不能拘泥于成规，而要学会打破定向思维，这样才能找到更好的解决问题的方法。

曾经，美国军方要求厂家生产的降落伞必须百分之百合格。厂家负责人说他们竭尽全力了，99.9%已是极限，除非出现奇迹。于是军方就改变了验收标准：每次交货前，随机挑选几个降落伞，并让厂家负责人亲自跳伞检测。从此，奇迹真的出现了，降落伞的合格率达到了百分之百。

还有一个类似的小故事：

一个妻子想让她的丈夫早点回家，于是定了一个规矩：晚上11点准时锁门。第一周奏效，第二周丈夫又晚归，妻子按制度把门锁了，于是丈夫干脆不回家了。妻子非常郁闷，后经高人指点，她把规定修改为：晚上11点前不回家，我就开着门睡觉。

丈夫大惊，从此准时回家。

任何问题都有解决的办法，当一个问题看似无解，不知从何处着手解决时，不妨变换一种思路。许多情况下，换个角度思考，事情立马柳暗花明。古今中外，这样的案例不胜枚举。阿西莫夫是美籍俄国人，世界著名的科普作家。他曾经讲过一个关于自己的故事：

阿西莫夫从小就很聪明，在年轻时多次参加“智商测试”，得分总在160左右，是“天赋极高”的人。有一次，他遇到一位汽车修理工，是他的老熟人。修理工对阿西莫夫说：“嗨，博士！我来考考你的智力，出一道思考题，看你能不能回答正确。”

阿西莫夫点头同意。修理工说：“有一位聋哑人，想买几根钉子，就来到五金商店，对售货员做了这样一个手势：左手食指立在柜台上，右手握拳做出敲击的样子。售货员见状，先给他拿来一把锤子，聋哑人摇了摇头。于是售货员就明白了，他想买的是钉子，聋哑人买好钉子，刚走出商店，接着进来一位盲人。这位盲人想买一把剪刀，请问：盲人将会怎样做？"

阿西莫夫顺口答道："盲人肯定会这样……"他伸出食指和中指，做出剪刀的形状。听了阿西莫夫的回答，汽车修理工开心地笑了："哈哈，答错了吧！盲人想买剪刀，只需要开口说'我买剪刀'就行了，他干吗要做手势呀？"

我们总习惯用一种常规、固定的方式思考问题，长年累月地按照一种既定的模式工作生活，从而形成思维定式。所以，在遇到问题时，很难打破这种思维定式。

经验告诉我们：固化的定向思维、传统思维和惯性思维，并不是在所有情况下都是科学、正确、高效的思考方式。在有些特殊情况下，顺向走不通，就换种思维方式，从问题的其他方面入手，没准能独辟蹊径，突破瓶颈。

第一章

创新思维：拆掉“霍布森之门”

爱因斯坦说：“所有创造都是从创造性的想象开始的，想象力比知识更重要，因为知识是有限的，而想象力囊括了世界上的一切，推动着进步，并且是知识进化的源泉。”生活经验与知识的多寡，直接影响着其想象力的深度与广度，而想象力是否丰富，是判断一个人创新能力高低的重要因素。

想成功，先创新

洛克菲勒说："如果你想成功，你就应该走上一条新的道路，而不是遵循被践踏的成功之路。"要想成功，就必须创新。要创新，就必须要有创新思维。那什么是创新思维呢？

创新思维是一个相对性的概念，是相对于常规思维而言的一种思维方式。如果给它下一个定义的话，可以这样描述：个体根据一定目的，运用所有现有资源，生产出新颖、有价值的成果的行为。所以，创新思维是指在创新过程中发挥作用的一切形式的思维活动的总称。

在现实生活中，很多人都在做相同的事情，有些人只是在做，而有些人在做的过程中会问为什么，结果却大不相同。比如，在鲁班生活的那个年代，肯定很多人都被草叶划伤过，但是为什么只有鲁班受启发而发明了锯子？因为鲁班拥有创新思维。

有一次，鲁班接受了建造一座巨大宫殿的任务。建造这座宫殿需要大量的木材。为了获取木材，门徒们必须上山砍树。当时，他们只能用斧头砍，工作效率非常低。一天，鲁班的手在无意中被生长在山上的一种草给划伤了。这让鲁班非常惊讶：为什么这种草这么锋利？！于是他摘下一片叶子认真观察。结果发现：叶子两边有许多非常锋利的小齿。他的手正是被这些小齿划伤的。

后来，鲁班看见一只大蝗虫在草地上啃咬。它的牙齿非常锋利，很快就能吃掉一片叶子。这也激起了他的好奇心。他抓到一只蝗虫，认真观察它的牙齿结构，发现蝗虫的牙齿也有许多细小的齿。这两件事触发了鲁班的灵感，于是他做了一个有许多锯齿的小竹片，然后去锯一棵小树。效果让他吃惊，很快，小竹片就在树干上锯出一条沟。由于竹片强度低，不一会儿就折断了。于是，鲁班让铁匠帮他做一块带小锯齿的铁板。之后，他和弟子在一棵树上做实验，很快就把树锯倒了。

不难看出，鲁班有很强的创新思维。他受到草叶结构的启发，发明了锯子，使伐树变得既省时又省力。如果他没有创新思维，即使观察到了草叶的结构，也不会想到去发明创造一些什么。

人人都有创新能力，创新能力不是极少数天才所具有的特殊天赋。那为什么大多人的创新能力被抑制了呢？因为在我们的生活中，存在着大量的“跟屁虫”。他们只会跟着人家走，没有自己的思想与见解，人云亦云，喜欢随大流。

勇于打破思维的定式

作为在平凡生活中追求梦想的普通人，换一种方法想问题所取得的成效，不亚于科学家的新发现。所以，当你受困于眼前的情境而寸步难行时，不妨停下脚步想一想：从上不行，从下行不行；从左不行，从右行不行；从正面不行，从背面行不行……

美国有一家大百货公司。公司门口立着一块广告牌，上面写着："无货不备，如有缺货，愿罚10万。"有一个法国人看到后，非常想得到这10万元，于是便去见经理。见面后，他开口就说："潜水艇在什么地方？"经理把他带到第18层楼，当真有一艘潜水艇。法国人又说："我还要看看飞船。"经理又带他到10层，果然有一艘飞船。法国人不肯罢休，又问道："可有肚脐眼生在脚下面的人？"他以为经理会被提问难住。经理听后，故作抓耳挠腮状，然后对身边的一位店员说："你做个倒立给这位客人看看！"

世间万事万物都是相互联系的，人们掌握的知识也是多门类多学科的，所以，面对一个思维对象，不能，更不必仅仅局限于传统习惯，不能更不必死守一个点。只有展开想象，突破思维对象的限制，才能创造性地解决问题。

有一次，一家媒体请来一位企业家做某档节目的嘉宾主持。其实，观众更想听他谈成功之道，但他迟迟不谈与自己相关的事，后来，只是淡淡地说：“我想出一道题，听听你们的答案。”

他出的题目是：某地发现了一处金矿，于是人们一窝蜂地涌去开采。但是，一条大河挡住了必经之道，如果是你，你会怎么办？

有人说：“绕道走，就是费点时间。”

也有人说：“干脆游过去。”

他听了，笑而不语，等人们议论声过后，他开口说：“为什么一定要去淘金呢？买一条船开展营运业务不是更好吗？”

全场愕然。

接着，他又说：“在那样的情况下，即使他要求的费用再高，渡客也会欣然接受，因为前面就是金矿啊！”

其实，这位企业家是想通过这个故事告诉观众：我的成功之道就是创新。创新，可以是一个产品，可以是一个过程，也可以是一种思想，它要求人们不断地向外开拓。创新不在求同，而在存异。创新能力不一定是开发出对于这个世界来说是新的东西，它更多的是开发出对于我们自身来说是新的东西。

要运用创新思维，必须要敢于质疑，敢于挑战常规，敢于冒风险，甚至要反其道而行。法国最伟大的服装设计师皮尔·卡丹先生说：“我已被人骂惯了，我的每一次创新都被人们抨击得体无完肤，但骂我的人接着又做我所做的东西。”可见，创新不仅要有清晰的目标、执着的精神，也要有较强的心理承受能力与应变能力。

死知识要变成活智慧

知识和智慧是两个完全不一样的东西。知识可以传递，可以学习，可以复制，可以模仿。但是智慧在本质上是需要我们创新的。它们之间的关系是：知识是智慧的养料，智慧可以使知识延伸。知识在智慧人手中能发挥奇妙的作用。知识是死的，人是活的。将知识用死的人，最后自己也变得僵硬无比；将知识用活的人，最终享受着生活的丰富多彩，绚丽多姿。

所以说，知识固然重要，但它不一定会让我们变得有智慧。因为，一个人智力的高低，百分之九十取决于他拥有什么样的思维，而知识只占百分之十。这也是我们在学习了大量知识之后，面对一些实际问题却束手无策的原因。

现实生活中，许多疑难问题不得不让我们进行思维创新训练，我们在拥有了知识之后，到底是缺少什么？缺少的是思维，是创新思维。而这种思维只能通过训练获得。

有一位企业咨询师，他1小时的咨询费接近3000元。有人不解：他们凭什么可以收取这么高的服务费？其实，很大一部分是靠思维方式。他们善于用创新思维解决问题。但是大部分人认为，这种能力是天生的，所以很少花精力去提高。这是一种错误的观念，创新思维不仅价值度高，而且可培养度也很高。

犹太人曾流传着这样一则笑话：

卡恩站在一家百货商场门前，认真地欣赏着货架上色彩缤纷的商品。这时，走过来一位绅士，嘴里叼着雪茄。卡恩恭敬地走上前，礼貌地问：“您的雪茄很香，好像很贵吧？”

绅士笑着说：“2美元1支。”

卡恩吃惊地说：“哇……您一天抽几支呢？”

绅士不紧不慢地回答说：“一天10支吧。”

“天哪！您抽了多长时间了？”

“40年前就抽上了。”

“什么？您仔细算算，要是不抽烟的话，那些钱足够买这幢百货商场了！”绅士反问道：“那么说，您也抽烟了？”

卡恩说：“我才不抽呢。”

绅士又问：“那你有钱买下这幢百货商场吗？”

卡恩回答：“当然没有。”

而那位绅士说：“说实话，这幢百货商场就是我的。”

在这个故事中，卡恩并不算是一个愚笨的人。首先，他心算能力很强，瞬间就算出：抽40年2美元一支的雪茄，花去的钱足足可以买一幢百货商场；其次，他深知勤俭持家的道理，并身体力行。但是，他的智慧并没有让他变得富有——既没有享受雪茄，也没有攒下买百货商场的钱。他甚至根本不明白，绅士为什么要在生意场点燃一支哈瓦那雪茄。可见，卡恩的知识是死知识，绅士的智慧才是活智慧。

随着人才竞争的日趋激烈和高智能化，越来越多的人认识到，只拥有知识是远远不够的，因为知识本身并不能告诉我们如何运用知识去解决问题、去创新，这一切要靠人的智慧——大脑思维来解决。许多的事实表明，个人的观察、分析、判断、理解、决策、创意、想象、洞察和战略规划等思维技能是否成熟，是否接受过系统的思维训练，将决定个人的职业发展前途。所以，一个人要想在激烈的竞争中生存，就要学会更新自己僵化的头脑以及简单的思维模式，让自己成为一个思维技能训练有素的人。

给思维插上想象的翅膀

想象是在外界刺激物的影响下，对人脑中已有的表象经过改造和加工后而产生的一种全新的形象的心理过程。它与感知、记忆、思维有着密切的关系。心理学的研究表明，随着人的年龄增长，知识的增多，想象的逻辑性会有明显的提升。但是，人的年纪越大，越习惯以一种固定的方式来思考问题。所以，对同一事物想象的种类和创造性水平，有可能会随着年龄的增长而降低。

通常，想象力至少与四个因素相关：

1.主观上的动机

之所以有人想象力强，能够想到的内容多，其中一个重要的原因是，他们的好奇心更强，具有更强的探索欲望。所以要想拥有较强的想象力，一定明确自己需要运用或实现的目标，并进行练习。如果只是读书、听课，而缺少相关的练习，想象力是很难提高的。

2.知识积累

在进行想象的时候，都是在自己已经具备的知识的基础上进行想象，所以知识积累也决定了我们的想象能力。

3.外感官和内感官

人的五感包括视觉、听觉、味觉、嗅觉、触觉。与“外感官”相对，只有三个：内视觉，内听觉，内感觉。通过“外感官”，我们的大脑获得外界的信息，并存储起来。当需要提取和调用这些信息和数据的时候，你就会用到“内感官”。简单来说，在进行“再造想象”和“创意想象”时都需要使用“内感官”。

例如，当你想到某位朋友，你的头脑中首先会浮现出他的样子。他的身材是什么样？他的头发是什么样？他的脸是什么样？他微笑的时候是什么样了？他喜欢穿着什么样的衣服？当你想到这些，说明你已经运用了“内视觉”。

接下来，你还会想他的声音是什么样？比较高还是比较低？当你想到这些，说明你运用了“内听觉”。

最后，你再想，你对他的情感如何？是欣赏？还是讨厌？抑或是依恋？当你想到这些，你运用了“内感觉”。

4.经验元素

通过感官从外界获取信息和数据，经过层层分解，直到不能分解为止，这些不能被分解的单元，就叫作“经验元素”，它是我们所掌握的知识的一部分。

对于在你脑海里形成的有关朋友的画面，先分解为不同的器官：眼睛、鼻子、耳朵等。然后，对于朋友的眼睛，再分解为不同的结构：眼皮、睫毛、瞳孔、虹膜等。最后，对于这些结构，再分解为不同的元素：亮度、形状、颜色等。

你积累的大量的“经验元素”，便是你想象力的原材料，如果把这些微小的基本单元任意排列组合，便会创造出许多了不起的东西。很多想象都是由不同元素排列组合出来的。比如：

天使=人的身体+鸟的翅膀

龙=鹿角+蛇身+鱼鳞+鹰爪+……

再如，用两个花瓶、两本书可以设计一个场景，花瓶和书是场景中的主体，你能想象出这个场景是什么样子吗？

综上所述，没有感知和记忆，想象就成了空想。所以，想象不是胡思乱想，而是一种重要的思维方法。那么如何培养想象力呢？可从下面几个方面着手：

首先，增加知识储备，丰富表象。

想象不是凭空产生的，所有的想象都是利用感知所形成的表象而创造出来的。所以，广泛的感知，丰富的经验，渊博的知识是培养想象力的基础。

既然知识对想象力的培养非常重要，那么如何扩充知识面呢？一个重要的途径是增加阅读。阅读是对想象的最好训练。同时，要广泛涉猎各类学科知识，这样才能在大脑中贮备尽可能多的表象。

其次，不断积累感性材料。

想象是对头脑中已有的形象进行加工和改造的心理过程。所以大脑中存储的形象越多，形象思维越活跃，想象力就越强。平时，要多观察生活，留意生活，这样，有助于感性材料的积累，并且在潜移默化中可以获取书本上不能获取的感性材料。

再次，正确运用联想法。

世界上的事物虽然形态各异、质量有别，但是，任何事物都不是独立存在的，事物与事物之间往往有着各种各样的联系。通过一个事物的某个属性想到另一个事物，由当前感知的事物联想到相关的另一事物，或者由记忆中的某一事物想到了相关的其他事物，这种心理活动就是联想。

最后，多种途径开发想象区和右脑。

根据生理心理学家的发现，人的大脑有四个功能部位，即感受区、贮存区、判断区、想象区。一般人在日常生活中，经常动用的只有前三个区，而想象区一般只被动用百分之十五左右。科学家之所以具有丰富的想象力，就是因为他们大脑中的想象区经常处在一种积极的兴奋状态，善于想象构思，善于创造新形象，而一般人对想象区潜力的挖掘是不够的。

1981年获得诺贝尔生物学奖的美国罗伯特·斯佩里博士提出了“大脑两半球各司其职，功能互补”的观点，指出左半球的功能与理解能力相对应，右半球的功能与想象能力相对应。

所以，要想提高自己的想象思维，除了要掌握科学的方法，还要学会跳出传统的思维定式，有自己的思想和做法，不能人云亦云，别人说什么就是什么，走大家都走的路。只有不放弃探索，多思考，才能提高自己的思维能力和创新能力。

【思维练习】

如何拔出沉入泥沙中的桥墩？

一场山洪将森林边的一座小桥冲毁了，并将钢筋水泥做的桥墩冲到了下游。森林管理员想在原处重新修建小桥，所以需要将桥墩搬回来。

他们开了两条大船，准备拖走在下游深水处的桥墩。几个工人将绳子系在桥墩上，但是桥墩太重了，即使工人们累得筋疲力尽，桥墩还是纹丝不动。

如何才能把沉重的桥墩从河底的泥沙里拉出来呢？大家都在冥思苦想。后来，有一个老工人想到了一个办法，用他的办法，大家很快就把桥墩拉到了上游。

他想的是什么办法呢？

解答：

先将两条大船装满沙土，然后将船划到桥墩上方，用绳子将桥墩套牢，然后卸掉两条船上的沙土，利用水的浮力，将桥墩从河底的泥沙中拔出来，再将桥墩拉到上游。

第二章

博弈思维：设计你的最优策略

在博弈之前，就已经开始博弈了，从商量规则到寻找对手。如果你有足够的力量，应该制订规则；如果你有较大的力量，应该挑选合适的规则；如果你缺乏必要的力量，就只能努力适应规则；如果无法适应，那就只能等着出局吧。

博弈论是一种思维游戏

博弈，听起来高深莫测，其实它就是“游戏”的意思。更确切地说，是可以分出胜负的游戏。“博弈思维”如果直译就是“游戏思维”，或者说，是通过“玩游戏”区分胜负、输赢的思维。

比如，当你下棋的时候，是不是非常希望取胜？所以，在下棋的过程中，你常常会冥思苦想，想走一步最好的棋。也许你不知道，就在你冥思苦想要走出一招好棋的过程中，其实就包含着“博弈论”，也就是说，每走一步棋，脑海中必然想到好几种走法，同时，你会考虑你走了这步棋之后，对方会怎样应付，你会因此得势还是失势。在这个过程中，你的大脑快速运转，并比较每一种走法的优劣，最终选择一种你认为最好的走法。这就是博弈思维法。

用专业术语说，博弈论是“研究决策主体的行为在直接相互作用时，人们如何进行决策，以及这种决策如何达到均衡的问题”。说来有点绕，但还是很好理解的，那就是在博弈论分析中，每个对弈者在决定采取何种行动时，不但要考虑自身的利益和目的，也要考虑到自身的决策行为对其他人的可能影响，以及其他人的行为对自身的可能影响，通过选择最佳行动计划，来寻求收益或效用的最大化。

我们通过一个最简单的两人对抗游戏来说明这个道理：

一个人手里藏着1粒小石子儿，双手握拳，让你猜石子儿在哪一只手，猜对了就赢1元钱，猜错就输1元钱。这个简单的“猜石子儿”游戏实质上是一个“零和游戏”，也就是说，一个人赢一个人输，输赢的概率都是百分之五十，看起来没有什么技巧，只要没有透视眼，谁也无法事先知道小石子儿藏在哪只手里。

但这只是头几次的情况，一旦对方留意到你习惯把石子儿藏在右手，或者每玩一次就换手，或其他的某种规律性，就可以很快猜赢你。同样地，如果你注意到对手总猜左手，或每次都换手猜等，那么你也可以猜赢他。不管对哪一边来说，注意对方无意中显露的习惯，都会十分有利。

游戏规则虽然简单，但却有相当大的挑战性。大约40年前，贝尔电话公司实验室中一位天赋过人的数学家，也是信息论创始人香农，发明了一个猜测机器来跟真人对决，这个机器成功击败对手，因为人们永远无法隐藏自己的思考模式。

博弈游戏的最佳策略，就是尽可能找出对手行为的规律，自己则随机出招，简单地说就是一面藏拙，一面利用对手的弱点。所有竞赛游戏都是这样：橄榄球运动员尽量混合不同的跑位和传球；机智的棒球投手会以快速球配合变化球来封锁对手的攻势；尽量混合不同的跑位和传球；机智的棒球投手会以快速球配合变化球来封锁对手的攻势；桥牌能手也不会每次都唬人。

但需要注意的是，如果每次都在出其不意时使出绝招，这也是一种行为规律。假如双方在玩石子儿游戏时都很成功，不露破绽，那么最后就会打成平手。它的技巧就是尽量利用对手行为的可预测性，并尽可能让对方猜不中你的模式。

根据对手的选择，做出最优选择

博弈思维是一种较为复杂的思维方法，是经过多种选择后作出决定的方法。它的选择过程主要有以下三步：

首先，诊断问题，确定目标。

任何一种思维方法，在运用之前，都需要明确：需要解决什么问题，要达成什么样的目标。比如，一个病人到医院找大夫看病，大夫首先要做的，就是诊断病情，确定病因，这样才能对症下药。如果不知问题所在，不知行动的方向与目标，思考和行动就显得盲目。只有目标明确，行动才能有成效。

其次，拟定可行的备选方案。

明确了目标之后，须围绕目标探索各种可行的方案，因为每一种可行的方案都有可能成为最后的决策。许多备选方案都是针对实际行为中可能出现的问题而制定的，在进行对比分析、组合、概率分析以及心理分析之后，才可以将某一方案作为最终方案。

如果情况比较复杂，要想得出一个比较完备的方案不太现实，使最终方案达到最理想状态也不太可能。这时，需要防止下列两种倾向：

一是以偏概全、以次充好。虽然很难达到理想状态，但向理想状态努力可以得到令我们最为满意的结果。比如，我们在某项任务中确定了理想方案，在执行时可能出现偏差，进而导致失利，但是，我们对这个失利的结果也较为满足，因为我们选择了最好的方案，也执行了最好的方案。这就犯以偏概全的错误。并不是说，我们的方案是最理想的，就一定能够成功，这个方案的执行效果如何，还要取决于对手的方案。

二是不管好坏，只有一种选择。认为事物的实行方案只有一种，没有其他。只有一种方案就可免除决策选择的痛苦，但事实是，如果看来似乎只有一条路可走，那么这条路很可能是行不通的。在博弈中，博弈双方的任何一个小的变动都可能引起结局的变更。因而，没有选择，无异于去牺牲、去失败、去成全对方。

再次，选出最优方案。

拟定出比较完备的方案，并不意味着问题的结束，而是为了从众多方案中选出最优的方案。从另一个角度讲，各种备选方案并非都是可实行的方案，哪一个预选方案可以实行就依赖于对预选方案进行价值分析、效益分析、可行性分析、风险度分析等。只有通过这样的分析，方可判断出诸方案的优劣来。当然，判断的标准不一样，也会得出不同的结论。

在选择方案时，可以参考这么几种方法：

1. 经验判断法

通过对各种预选方案进行直观的比较，按一定的价值标准从优到劣进行排列，对全部方案筛选一遍，淘汰掉未达到标准的方案，并逐渐缩小选择的范围，最后确定出最合适的方案。这类方法需要充分运用类比、归纳等传统逻辑方法，在情况较为复杂时，往往还需要用系统思维的方法，从全局和整体着眼来决定方案的取舍。

2. 思维“求同”和“求异”法

所谓思维的求异活动，就是要通过比较来发现不同方案的差异，并要求自己和别人从不同角度、不同要求、不同场合、不同结果对已制定的方案提出不同的看法，进而启发自己更加深入地思考，以此保证最终方案的科学性、可靠性和严密性。这种选择方案的过程又称“逆向决策”或“反向决策”。

所谓思维的求同活动，就是要利用相同的标准和规则，对诸方案从战略到战术、从客观到主观、从宏观到微观、从全局到局部、从目标到方法、从经济价值到社会效益和人文价值等方面进行全面的比较与周密的论证，经过同样的标准进行权衡利弊、综合分析之后，作出最后取舍。

3. 数学方法与定量思维方法

在对复杂事物，如气象预测、海洋捕鱼、经济竞争、大型产品的设计等制定对策时，只靠大脑进行思维、靠双手以笔或小型计算器进行计算显然是不现实的，这时，必须要借助于大型数学模型、设计科学的计算机程序，运用电子计算机进行设计、比较和筛选方案。例如，海湾战争中多国部队战略、战术的制定。战争中涉及许多因素，有许多的自变量和因变量，己方的力量配置、配合，敌方的力量配置、分布，武器的性能、人员的素质、地理地形、天气气候、各种情报的对错……其中，有许多资料还是靠侦察获得的，准确性并非百分之百。

所以，与其他思维方式不同，博弈思维需要借助概率论、统计学、组合论等数学理论，具有较强的自然科学性，有相当的难度。在许多情况下，它是一些数学大公式的推演，是数学模型的应用。总之，博弈思维法是一种预测与选择相结合的智慧。它的关键之处在于，要尽可能地穷尽事物的种种可能性，不留漏洞，同时要保持清晰的思路。

囚徒困境：不合作的真相

1950年，数学家塔克在担任斯坦福大学客座教授期间，给一些心理学家作讲演时，用两个囚犯的故事，对当时专家们正研究的一类博弈论问题作了形象化的解释。从此以后，类似的博弈问题便有了一个专门的名称——“囚徒困境”。

“囚徒困境”大致情形如下：

甲、乙两个人合谋持枪抢劫银行，结果被警察抓了起来。因为没有其他犯罪证据，警方只能以非法携带枪支的轻罪处罚他们。但是警方怀疑这两个人可能还犯有其他重罪，于是分开审讯他们。为了分化瓦解对方，警方告诉他们：如果主动坦白，可以减轻处罚；负隅顽抗的话，一旦同伙招供，将受到严惩。如果这两人都坦白，那么所谓“主动交代”意义就没有意义了，在这种情况下，两人还是要受到严惩，只不过会因为认罪态度较好，而比一个人顽抗到底所受的惩处要轻一些。

在这种情形下，两个囚犯都可以作出自己的选择：或者供出他的同伙，即与警察合作；或者保持沉默，也就是与他的同伙合作。这样就会出现以下几种情况：

如果两人拒不坦白，法院会以非法携带枪支罪判两人1年监禁；

如果其中一人招供而另一人不招，坦白者作为证人将被免予起诉，另一人将会被判15年监禁；

如果两人都招供，则两人都会因抢劫罪被各判10年。

囚徒困境

罪犯乙 \ 罪犯甲	拒不招供	承认犯罪
拒不招供	1 年 1 年	3 个月 10 年
承认犯罪	10 年 3 个月	5 年 5 年

那这两个囚犯该怎么办呢，是选择相互合作还是相互背叛？表面上看，两人应该相互合作，保持沉默，因为这样他们俩得到对双方来说都是最好的结果——只判刑1年。但他们又不得不仔细考虑对方可能采取什么选择。问题就这样出现了，甲、乙两个人都十分精明，而且都只关心减少自己的刑期，并不在乎对方被判多少年。

甲可能会做出这样的推理：如果乙不招，我只要一招供，马上可以获得自由，而不招却要坐牢1年，不用说，招比不招要好；如果乙招了，我拒不招，则要坐牢15年，招了只坐10年牢，显然还是招供好。

可见无论乙招与不招，甲的最佳选择都是招供。所以，他选择招的可能性很高。乙与甲的推理一样，也可能选择招。

这就是说，如果一方认为对方将合作，那他背叛会得到更多；如果一方认为对方将背叛，他背叛也能得到更多。不管对方采取什么方案，选择背叛对自己总是有利的。

基于这样的推理，两人都会选择招供，这对他们个人来说都是最佳的选择。按照博弈论的观点，这是他们双方的“优势策略”，也是本问题的唯一平衡点。在这一点上，任何一人单方面改变选择，都只会得到较差的结果。

现在问题出现了：如果他们都选择背叛，只能一起坐牢15年，这与他们相互合作所能得到的“奖励”差不少。个体的理性导致双方得到的比可能得到的少，这就是“困境”。

为什么聪明的囚犯却无法得到最好的结果？两个人都招供，对两个人而言并不是集体最优的选择。无论对哪个人来说，两个人都不招供，要比两个人都招供好得多。

“囚徒困境”这个问题为我们探讨合作是怎样形成的提供了极为形象的解说方式，产生不良结局的原因是因为二人都站在自己的角度考虑问题，这正是合作没有达成的原因。

在现实生活中，我们经常会陷入囚徒困境的关系。例如：婆媳纷争、夫妻矛盾、亲子关系、同辈交往……在这些关系中，我们需要掌握一个逻辑：当每个人只考虑自身利益的时候，只能得到对自身利益最坏的结果。其实破解这样的困境，只需要改变一下我们的出发点即可，也就是说，做决定的时候，从对方利益最大化的入口思考。

当每个人都这样思考的时候，最终的结果恰恰对自己也是最有利的。但是，对于普通人来讲，能做到这一点，实属不易，但未知的路本就不是普通人能开拓的，否则也不会称之为困境。

反套路，战胜游戏规则

博弈的关键在于变化，只有看懂局里局外的变化，并能根据变化调整自己博弈思维的人，才不会被“游戏”规则束缚，成为规则的赢家。

一次，在西班牙的一个宴会上，几个王室贵族轻蔑地对哥伦布说道：“哥伦布先生，您到了一个欧洲人从来没有到过的地方，这很了不起吗？在我们看来，只要是向西航行，谁都会找到那块陆地，它实在是太平常的一件事了。”

哥伦布不慌不忙地说道：“大家真的认为这是件很平常的事吗？”

“是的，它再简单不过，任何人都可以办到。”贵族们继续起哄。

“好吧，为了证实‘简单的事，任何人都可以办到’这一观点，”哥伦布顺手拿起一只熟鸡蛋，说道，“我们来做一个实验，各位先生，你们谁来试试把鸡蛋立在桌子上？”

有几个人走上前去试了试，都没能把鸡蛋竖立起来，他们不甘心地说道：“鸡蛋是椭圆的，不可能竖立起来，恐怕没人能办到，这个实验很愚蠢。”

那么，哥伦布是如何把鸡蛋竖立起来，说服众人的呢？原来，哥伦布拿起鸡蛋，轻轻地在桌上一磕，磕破了一点鸡蛋的尖头，鸡蛋便牢牢地竖立在桌上了。

在这个故事中，哥伦布何以服众？一个简简单单的磕鸡蛋的动作！其实，这种做法算不上新奇，但是，从整个博弈的过程来看，体现的是一种出奇制胜的博弈思维。

不论是在辩论、竞争，还是比赛中，我们常常会看到这种思维方式。不走寻常路，才能避免让对手有规律可循，从而占得先机。

在中世纪的欧洲，有一个国家居住着两位技艺精湛的木匠，技艺难分高下。有一天，国王把他们请来，让他们每人做一只“老鼠”，看他们谁做得更精巧。

第一个木匠将做好的“老鼠”献给国王后，国王和大臣们看了赞不绝口。当第二个木匠把他的作品献上来后，众人都觉得这只“老鼠”异常难看，根本不像老鼠。于是，国王决定奖励第一位木匠，这时，第二个木匠站出来对国王说：“尊敬的国王，您的评审并不公平。我觉得‘老鼠’做得好不好，应该由猫来做评审。因为在这方面，它的眼光可比人要锐利多了。”

国王一听，觉得有点道理，于是让人找来一只猫。那只猫一上来，就拼命地扑向第二个木匠做的“老鼠”，顿时，众人都被惊呆了。这时，第二个木匠不紧不慢地说出了一句话。国王听后，重赏了他。

想一想，他说了什么？

原来他笑着说：“其实很简单，我只是没用木头而是用鱼骨雕的老鼠。猫在乎的根本不是像还是不像，而是腥味啊！”

人生就像一场棋局，处处都有博弈。有的人做事认真，勤勤恳恳，但在工作中默默无闻，很难成为佼佼者。有些老板，做事守规矩，也很讲信誉，但是公司没什么竞争力。

这些人身上有一个共同的特点，就是他们被太多的条条框框束缚住了。结果呢，他们习惯按套路出牌，别人也很容易猜到他们的套路，从而使自己在博弈中处于被动。反之，不按常规套路出牌，往往可以让自己在博弈中争取主动。

【思维练习】

华盛顿找马

华盛顿养的一匹马被人偷走了，他报了警，请求警察局能派人和他一起到偷马人那里去索要。

“你为什么说这匹马一定是你的呢？它可是我一手养大的。”偷马人表现出一副无辜的样子。

“什么，这是你一手养大的马吗？”华盛顿冷冷地说，“这位先生，你养这匹马恐怕没有超过12小时吧！”

偷马人很生气：“我绝不允许有人在我家里如此肆意地诽谤我的名誉，请你赶紧离开。”说着，偷马人挽起了袖子，摆出一副打架的姿势。

警察看情况不妙，指着那匹马对华盛顿说：“它到底是不是你的马？如果没有足够的证据的话，我们还是先回去吧。”

华盛顿朝警察点点头，示意他再等一会儿。

请问，华盛顿打算怎么做？

解答：

华盛顿用双手遮住了马的双眼，对那个偷马人说：“要是这马真是你的，你一定知道马的哪只眼睛是瞎的？”

“右眼。”偷马人犹豫地说。

华盛顿放下遮住右眼的手，马的右眼并没有瞎。

“我记错了，马的左眼才是瞎的。”偷马人急忙辩解道。

华盛顿又放下遮住左眼的手，马的左眼也没有瞎。

“我又说错了……”偷马人还想狡辩。

“不错，你是错了。这些充分说明马不是你的。你必须把马还给华盛顿先生。”警官说。

第三章

换位思维：角度不同，答案不同

换位思考，不仅可以让沟通变得更容易，也可以让人从自我这个主体中脱离出去，进入客观世界当中，进而发现事物的全貌。如果我们不能脱离出自己的视野，就容易被“第一人称视角”所束缚，一旦看不到问题的死角，只能陷入“当局者迷”的困局。

思考他人的观点

在现实生活中，大多数时候我们都是站在“我”的角度上说话办事的，所以，我们很少去了解别人的需求、感受。相对而言，说话很少带“我”的人，更能顾及别人的心理与感受，能够尊重他人、信任他人、宽容他人、善待他人，这样的人往往善于换位思维。

那什么是换位思维？简单来说，换位思维其实是一种抽离出来观察自己，完善自己的批判性思维方法。说白了就是自己的脑袋里是否有别人。

但是，并不是说，你站在对方的角度思考就是换位思维！你可以把你的身份从甲方变成乙方，从老板变成员工，从家长变成孩子，从男人变成女人，从恋人变成夫妻，等等。但这只是掌握了换位思维的形式，没有掌握换位思维的本质，这样的换位思维不够充分。除非，你能用别人的思维去思考，而不是换个位置用你自己的思维去理解别人。例如，办公室有一位剩女同事，死活就是不想找对象，你用直男思维是没有办法开导她的。要真正做到换位，你需要知道她真实的想法，而不是你认为的她的想法，否则，你的那些主意也好，点子也罢，都只不过是你思维模式的延伸，而不是对方的思维模式。

也就是说，当你不能理解别人思考问题的方式，你就不能真的理解别人的行为模式，更谈不上做到真正的换位思维。要真正做到换位思维，必须把握思维的三个方面、六个视角。

1.三个方面：情感体验、换位思考、包容理解

情感体验：要设身处地地体验对方的真实心境，了解他的喜怒哀乐。

换位思考：尝试站在对方的角度理解他的观念，体察他的所思所想，以及他的思维逻辑。

包容理解：尽可能站在公正的立场，不带感情色彩地评价他，包容他的缺点与过错，这样更有利于了解他表达某种观点，或是做某件事情时的真实心境与想法。

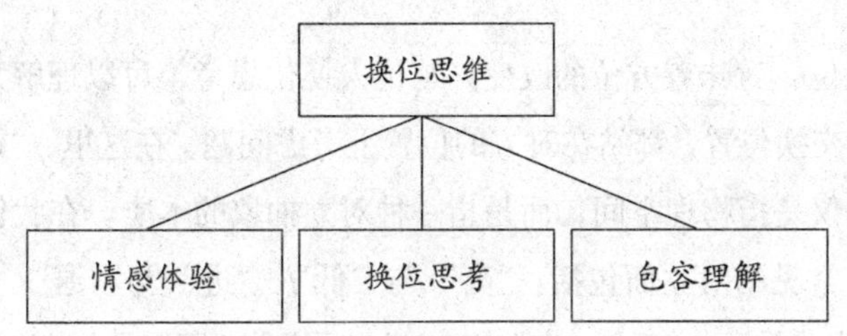

2.六个视角：主观、客观、相关、发展、积极、结果导向

主观视角：自己的视角，了解自己内心深处最真实的想法和感受。

客观视角：第三者视角，了解其他人是如何看待一个问题的。

相关视角：事件相关人视角，因为相关人与事情有某种关联，所以可以提供一个看问题的角度。

发展视角：用发展的视角看事件的前因后果，更容易发现事情的起因，并找到解决问题的方案。

积极视角：比如，可以站在自己所钦佩的榜样或导师的角度看问题，看他们是如何解决问题的。

结果导向视角：脱离情绪困扰，带着“问题已经解决”的心态去思考眼前的问题，会得到更为客观的评价。

换位思维是使我们变得强大的重要因子。具有换位思维能力的人，他的心中装下的不是一个人，而是很多人。当我们能够与更多人进行换位思考的时候，其实也意味着我们心中能装下更多人。这样的人才是真正强大的人。

角度不同，结果就不同

换位，意味着方位的改变。与他人换位思考，可以理解为两个人完全交换位置，都站在对方的位置上考虑问题。在这里，“方位”并不仅仅是指物理空间，而是指一种对立抽象的本质。在我们的观念中，常见的对立面包括：“高”与“低”、“进”与“退”、“大”与“小”、“前”与“后”、“左”与“右”、“阴”与“阳”、“古”与“今”、“长”与“短”、“美”与“丑”等等。

孔子所说的“己所不欲，勿施于人”就是一种换位思维。意思是说，自己不想做的事情，也不要强迫别人做。只有站在别人的角度看问题，才能真正认识所谓的“对”与“错”，才能读懂别人的真实感受。

有这样一个小故事：

一个人请一个盲人朋友吃饭，吃完饭时间很晚了，盲人说：“天色已晚了，我现在要回去了。”于是，主人就点了一个灯笼给他，他非常生气地说：“我根本就看不见，你却要给我一个灯笼，这不是嘲笑我吗?”

主人忙说：“您不要生气，我之所以给您点一个灯笼，是因为我很在乎您，您看不见，别人却能看得见，这样，您在夜里走路别人就不会撞到您了。”盲人听了非常感动！

理解不同，结果就不一样，用不同视角看一件事，就会得出不同的见解！这就是换位思维的魅力所在。在现实生活中，如果我们能够时不时转换一下方位，多站在他人的立场说话做事，定会让自己变得更受欢迎。

有一对年轻的夫妻。他们两人一起开车外出时，经常是丈夫开车，妻子坐在副驾驶的位置。每次，妻子在丈夫开车时都会喋喋不休，恨不得把她能想起来的烦心事都倾诉出来。

丈夫心里非常烦躁，但是又不想表现出这种情绪，怕惹得妻子不高兴。于是他只好集中精神，专注地观察行人和道路情况。

有一天，妻子正在厨房烧菜。丈夫来到她的身边，而且还不停地唠叨："哎呀，你能不能慢些啊，火也忒大了！快，快，把鱼翻一下，我就说嘛，一定是盐放太多了！"

妻子忍无可忍，便说了一句："你烦不烦啊，难道我不知道该怎么烧菜吗？一边去，别在这儿指手画脚。"

丈夫平静地说："我只是想让你知道，在我开车的时候，你在一边喋喋不休，我的感觉如何……"

从那之后，妻子再也没有在丈夫开车的时候唠唠叨叨，而是静静地坐在副驾驶座上，让丈夫专注地开车。

如果两个人的处境不同、心境不同、观点不同，如果不进行换位思考，是很难了解对方的真实想法的。换位，是一种互换心理体验的过程。只有将心比心、设身处地地去理解他人，了解对方的内心世界、思维方式等，才能站在对方的立场上体验和思考问题，从而与对方产生更多的情感共鸣。

所以，在问题面前，要学会换个角度思考问题，甚至可以进行多次换位。反复进行换位，是因为我们必须考虑到"对立"的那一方可能也在进行换位思考。这种多次换位，也是换位思维的一种升级，是对换位思想的终极把握。

用理解来表达需求

当今的社会，在激烈竞争的社会中，我们每个人都会遭遇坎坷和逆境，但是能够做到包容别人，理解他人的人，也一定能得到别人的尊重。

要学会替对方着想，是人际交往的“黄金法则”。你希望别人如何对待你，那就应该如何对待别人！人际交往中，许多人总是理所当然地认为，“你不对我好，我就对你冷”或是“我讨厌你，所以我不想理你”，相反，能站在别人的立场看待问题，知道别人喜欢什么，不喜欢什么，这样就知道自己该如何对待别人了。

如果不善于换位思考，势必会给自己的人际交往带来麻烦。这就好比千军万马过独木桥一样，给对方让开一条路，自己也就多一分前进的希望。如果谁也不让步，都挤在独木桥上，那就只能掉进河里。学会包容别人，理解别人，就是为别人开启一扇窗，别人就有可能为我们打开一扇门。当然，理解别人是要有博大的包容心的。

A和B是多年的好朋友。有一次，他们一同去某地出差。早上，他们在旅店点完饭菜之后，B说：“我出去买份报纸，一会儿就回来。”过了5分钟，B空手回来了，嘴里嘟嘟囔囔地发泄着怨气。“怎么啦？”A问。B答道：“我到马路对面的那个报亭，拿了一份报纸，递给摊主一张10元票子，让他给我找钱。他不但不找钱，反而从我手中抽走了报纸，而且还板着脸说，他现在很忙，也不想换零钱给别人。看来，他是把我当成借买报纸之机换零钱的人了。”

两个人一边吃着饭，一边议论着这一件事。B认为，报亭的小贩傲慢无礼，不近人情，素质太差，是“素质低下的人”。

吃过饭后，A让B在旅店门口等一会儿，自己径直向对面的报亭走去。A面带微笑，十分温和地对报亭主人说：“不好意思，我想买一份早报，但是我手头没有零钱，只有一张10元的票子，真是给您添麻烦了。”卖报人一边忙碌着，一边毫不犹豫地把一份报纸递给A，说：“嗨，拿去吧，方便的时候再给我零钱！”

看到A拿着报纸回来，B有些纳闷：“你说你没有零钱，那个家伙怎么会把报纸卖给你？”A说：“我的体会是，如果先理解别人，那么自己就容易被别人理解。如果用理解来表达需要，那么自己的需要就容易得到满足。”

在平时的生活中，如果一个人凡事总是让别人先包容自己，而自己从来就不去理解别人，时间久了，面对别人偶尔的不理解，心理就会感到不平衡、不自在、不痛快，行为举止也会失去起码的风度。

常言道：“包容了别人的缺点，也就是尊重自己的最好表现。”学会理解他人，尊重他人，经常用这个标准来要求自己，会让我们赢得更多知心的朋友，也会为我们的人生带来许多快乐和精彩。

要说服别人，先说服自己

当你连自己都无法说服自己的时候，是不可能去说服别人的。因为你担心会暴露自己的不自信。如果你给了自己所有的问题的答案，那你就无所畏惧了。

这就像你在回答一个小孩子的问题时，你会表现得很自信，为什么？因为你知道，他提出的任何问题你几乎都能够应对自如，即便你一时回答不上来，也可以很坦然地告诉他“我真的不知道”。这没有什么丢脸的，因为你不知道的东西，他往往也不知道。

所以，你想要说服别人的时候需要先说服自己，说服自己的时候，就要先把自己假设为所有问题的提出者。这样你才能够真正想明白问题的答案。

比如你在做一个产品的时候，就要考虑到用这个产品的人会怎么使用，他们的习惯是什么，他们会对哪些方面比较在意，还有哪里可以做得更好，等等，只有多站在用户的角度想，你的产品才会越来越贴近用户的习惯。

某地有一位作家，经过一段时间策划，决定办一个为期一个月的演讲培训班。他租用了一家旅馆的舞厅作为讲课的场所，然而，当他快要开课的时候，旅馆经理突然告诉他，舞厅的租金要涨三倍。这时，讲课的入场证都已经印制好了，而且有一部分已经分发出去了，上面还印有时间和地点。

当然，这位作家是不愿意多支付这笔费用的，但他又来不及寻找新的地点，于是只好去找旅馆的经理。见到经理后，他开门见山地说："当你告知我这件事的时候，我非常吃惊，但我也不会责怪你，如果换作我的话，也会这么做，你身为这家旅馆的经理，职责当然就是尽可能地使旅馆赚更多的钱，现在让我们来讨论一下，这样做对你们到底有没有好处？"

经理点了点头，示意他往下说。那作家说："你会因为出租舞厅给我而获取相当的收益，而且是一笔不菲的收益，因为一连串的讲课所带来的收益，会比加倍的租金还要多。如果我只是租下你的舞厅而不讲课的话，那对你来说才是一笔很大的损失。现在让我们看看损失的情况：首先你不能把涨价的部分算入你的收益中，因为我会另外寻找一个适合我举办培训班的场所，所以我不会按照你开的价码付费。同时你有另外一项损失，那就是我的演讲将会吸引一批受过高等教育而有教养的人到你的旅馆，这是个非常好的做广告的机会，即使你们花几千元在报纸上刊登广告，效果也不如我在这里讲几节课，不是吗？"

最后，作家又说："希望你认真考虑一下我刚才说的话，然后再给我一个答复。"第二天，这位作家就收到了旅馆的回应：租金不涨了。

在这个故事中，作家并没有开门见山地与旅店的经理谈涨租金给自己带来的不利，而是先从对方的角度入手，阐明这件事情对对方产生的影响，表面上看，他似乎站在经理的角度说话，考虑的是对方的体益。这就给对方造成一种错觉：他在替我考虑，而不是在争取自己的利益。这样一个能替他人着想的人，对方当然容易接受。这是一种人性化的换位思维。

不管是在工作还是生活中，要想在交流中达到自己的目的，实现自己的计划，就要学会以他人的角度去考虑，这样不仅是对他人的尊重，也是对自己的尊重。这会让对方觉得你是在替他考虑，而不是为自己说话，这样对方更容易接受你的意见。

【思维练习】

铁木真是如何“换位”的

公元1174年的某一天，蒙古草原上正在进行一场特殊的赛马会——谁最后到达终点，谁将获胜，而输了的就要将马奉献出来。这是因为铁木真的父亲打了一个胜仗，为庆祝胜利而特意安排的一种奇特的比赛。

骑手们你慢我慢大家慢，眼看太阳就要落山了，比赛仍然没有结束。这时铁木真的父亲也有些后悔，认为自己不该搞这种比赛。

天渐渐黑了下来，铁木真突然有了主意：“父王，你只需要采用换位的方法，这场比赛立刻就可以结束。”铁木真的父亲一听，立即依计传令。结果很快就分出了胜负。

你知道铁木真所说的“换位”是怎么一回事吗？

解答：

铁木真的“换位”，是指让骑手们换马。因为胜负以马计，以先到终点为输，而骑手骑的又不是自己的马，所以，他们互换马匹后，都会争先恐后。

第四章

逆向思维：反过来想，总是反过来想

人的大脑是思考的吝啬鬼，如果有一套现成的做事模式，那么大脑会选择直接执行，而很少会进行深入的思考。这样看似节省了脑力，却需要付出成倍的努力。正向不行，就倒过来试试，这样不但会创造更多的“可能”，也会为自己叩开成功之门。

要想知道，须打个颠倒

我们总是习惯站在自身的立场上，去观察和思考问题，不是迫不得已，很少会站在事物或是问题的对立面去思考。其实，换视角和方向并不麻烦，但我们就是不情愿这么做。

牛根生是家喻户晓的企业家，关于他的故事有很多。谈到他的成功，有人说，他具有商业领袖气质，有人说他是实干家，有人说他有大格局，对此，大家都没有异议。也有人说，他的成功归功于逆向思维。何以见得？

牛根生曾经回忆说："我母亲给我的两句话让我终生难忘，一句是'要想知道，打个颠倒'，另一句是'吃亏是福，占便宜是祸'。"

这两句话深深地影响牛根生。后来，牛根生在工作中遇到难题时，便会想到"要想知道，打个颠倒"这句话，启发自己进行逆向思维。可见，他养成的一些思维模式，与他从小受到的家庭影响不无关系。

"要想知道，打个颠倒"，是大多数成功者都具有的一种思维方式。在现实生活中，人与人之间的智商、情商，甚至生活、工作的环境都相差无几，但最后造成一个人贫富、高下的往往是思维方式。

在某个村，一胖一瘦两个农民合伙承包了一块土地，然后种上了庄稼，因为干旱少雨，没有获得预期的收成。于是，两个人将收获的粮食卖掉，又开始一起种树苗。等树苗上市的时候，品种又落后了，所以没有什么人收购。

胖子垂头丧气，将这批树苗以很低的价钱卖掉了，又回头重新种植庄稼，期待来年有个好收成。瘦子认为，再也不能走他人走的路，树苗虽然不值钱，但如果长成大树，一定会卖个好价钱。所以，他决定要将树苗培育成大树。

几年后，又因为材质问题，还是没能打开市场。而胖子这几年种庄稼赚了一些钱，便劝瘦子说："将大树便宜卖掉，也回来种庄稼吧。"瘦子不同意，他觉得，树的材质虽然差了些，但如果制作成款式新颖的家具，依然可以赚不少钱。最后，他就用这批木材专门制作仿古家具，一年赚的钱比种十年庄稼都多。

两个农民的境况差不多，最初他们手上都没有所谓的"好牌"。胖子没能突破惯性思维，觉得种植的东西不好卖，就便宜卖，什么价格高就种什么。而瘦子却果断地突破惯性思维，用一副"臭牌"改变了人生。

不管是做什么事情，解决什么问题，如果按顺向思维操作效率低下，那我们可以采用逆向思维，从问题的对立面去寻找答案。

从对立面考虑问题，可以让不显眼的错误和难点显露出来。伟大的思想家和创新者都善于从事物的对立面考虑问题。德国著名数学家卡尔·雅可比在不同科学领域都作出了重大贡献，他尤其擅长利用逆转策略来解决难题，他的格言是："逆转，总是应该逆转。"雅可比认为，让自己思路清晰的方法是将数学问题反过来求解。他一步步反推需要解决的问题，这样常常能使问题简单化。

大多数工作，都不需要过人的聪明才智与天赋。在工作中，只要你善于运用逆向逻辑，做事积极、靠谱，才能取得骄人的成绩。否则，害怕犯错误，害怕经历失败而循规蹈矩，不肯改变常规思维，只能在原地踏步。

反其道而行——心理逆向思维法

心理逆向法，是指在思考问题的过程中，摈弃自身局限，先探究对方的思想，然后逆着对方的思路而行动。这里的“逆向”，不是指换位，而是反其道而行。

在现实生活中，人们普遍存在这样一种心理：房价上涨的时候，都会疯狂地买房；股票上涨的时候，都会投身于股市；越是便宜的东西，越觉得没有价值；某种商品越是供不应求，购买的欲望越强烈……针对这种心理，就可以使用逆向心理法。如一些成功的老板，就非常善于利用员工的这种心理来激励员工。

一位记者到一个偏远的山村采访，见田地里种的全是油菜，这种油菜秸秆细弱，于是他问同行的乡长：“为什么不让农民种杂交油菜呢?”乡长说：“农民根本不会相信!”

后来，那位乡长给记者去了一封信。说那个临近山区的几个村变成了养羊基地，规模非常大！这位记者一去才知，原来乡里决定从这几个村选一些农户饲养某个品种的山羊，为了慎重起见，由乡长任推选组组长。

推选前，乡里提出了一些苛刻的条件，经过30多天的忙乎，最终选择了4户，每户可以养羊100只，多一只也不行。接着，乡里还组织这几个村的一些村民组成联防队员，轮流值班看羊。羊生下了小羊后，养羊户不可私自出售，乡里说要出口到国外。其他村民见了都非常羡慕，于是，都托亲朋好友到养羊户家中说情，好说歹说也要买几只山羊饲养。结果，养这种山羊的农户越来越多，当地也成了闻名的养羊基地。

在这个故事中，这个乡之所以能说服思想保守的村民养羊，就是因为运用了心理逆向法。大多情况下，我们都有这样一种心理：别人越是想说服我们，我们越是抗拒，越是得不到的东西，越是想得到。而且许多悖论性的心理法则也在间接地证明逆向思维的存在。比如，格里森法则：非常小的洞也终将会把最大的容器内的水流完，除非它是故意用来排水的，而在这种情况下，它又会堵塞。再如，梅尔法则：要不是最后一分钟，那就什么事也做不成。

引申而言，心理逆向法可以料敌在前，抢占先机，是一种先发制人策略，它先置自己于攻的位置，然后再图防守，始终让对方依据自己的行动来做决定，这就为自己赢得了先机。

颠倒程序——过程逆向思维法

过程，即事物发展所经历的程序。过程逆向，就是颠倒人们一贯认为的、固定不变的某套程序。在思维世界中，过程不是被固化的，可以随时被颠倒过来，这种思维方法叫作“过程逆向法”。

如果给它一个明确的定义，可以这样解释：从事物运行的过程进行逆向思考，当它从一种状态变为另一种状态时，思考与之相反的过程。现实生活中，许多科技发明都离不开这种思维方式，比如，电能产生磁场，磁场也可以产生电能；化学能转化为电能，电能转化为化学能。

1820年，丹麦哥本哈根大学物理教授汉斯·奥斯特无意中发现了一个有意思的现象：如果给一根金属线通电，放在它边上的磁针会发生偏转。很快，这个发现就传到了欧洲，许多科学家都为之着迷。英国物理学家迈克尔·法拉第就是其中之一。他按照奥斯特的方法重新做了这个实验，并给出了科学的解释，从而证明：导电金属线能够产生磁场，环绕的通电线圈能将被环绕的铁磁化。

当时，德国古典哲学中的辩证思想已传入英国，法拉第深受这种思想的影响，所以，他认为电和磁之间一定存在某种联系，而且可以相互转化。所以，他提出一个假设：既然电流能产生磁场，那么倒过来，磁场会不会产生电流呢？1821年，他开始做磁产生电实验。

但是，他做了许多次实验，结果都失败了。有些人劝他还是放弃吧，并且说，只有电流能产生磁场，磁场不会产生电流。法拉第却坚信电和磁之间肯定能相互转化。1831年，他设计出了一种全新的实验：将一块条形磁铁插入一只缠着导线的空心圆筒中，结果让他惊奇的一幕发生了——电线两端连接的电流计上的指针发生了微弱的偏转！电流产生了！

之后，他又设计了许多实验，如让两个线圈做相对运动，证明磁作用力的变化也能产生电流。后来，法拉第提出了著名的电磁感应定律，并依此发明了全球第一台发电机。直到今天，他的许多发明依然在改变着我们的生活。

法拉第之所以能成功发现电磁感应定律，主要得益于他的逆向思维。他不受困于常规思维的束缚，而是用大多科学家都没有想到的过程逆向来思考问题。正如伏尔泰所说："可以从一个人提出的问题而不是给出的答案来判断这个人。"

与法拉第一样，彼德·诺顿也是一个运用逆向思维取得成功的人。他曾经以3亿美元出售了他的电脑软件，这是一套被称为"恢复删除"的软件，他把过程逆向法运用于其中，目的是恢复被意外删除的电脑文件。曾经，由于操作不当，而删除了一些重要文件是许多人的噩梦，而恢复被删除的文件，却是视为妄想。但是，诺顿却让人们摆脱了噩梦，把妄想变成了现实。在诺顿的思维世界里，前与后、进与退、出与入、有与无，可以在更高层次上获得新的统一和转化。

所以说，过程逆向法是一种重要的逻辑思维方法，它打破了常规的思考逻辑或是操作流程，以问题倒推过程，用逆过程的方式来解决常规思路无法解决的问题，从而达到出奇制胜的效果。

优劣互逆——缺点逆用思维法

中国有句古话："有则改之，无则加勉。"就是说，当一个人有了缺点和错误时，一定要想办法改正；即使没有缺点和错误，也要不断地警醒自己，不要犯同样的错误。所以人们对缺点总是会给出负面的评价。

缺点逆用法，简单来说就是，将缺点当作优点来用，或者把缺点转化为优点的思维方法。运用这种方法，需要反向思考问题，从常规中发现反常，进而变害为利。

有一位顾客在商场购买了一件衣服，这件衣服的优点是：面料高档、款式新颖、花色柔和。但也存在一个明显的缺点，就是面料很容易脱线。

在顾客购买这件衣服时，导购员甲没有把这个缺点告诉对方，他认为："只要顾客当时没有发现问题，自己就没有责任。再说，顾客也看上了这件衣服，你说它某些地方不好，会影响顾客的购物体验。"结果没过几天，顾客发现面料脱线，便到商场来投诉。

在这个故事中，甲有意隐瞒衣服面料的缺点，结果导致顾客的投诉。在现实生活中，这样的事情很常见，尤其是在生意场上，为了成交，一味地讲优点，对缺点避而不谈，结果不但会留下一些隐患，也会降低说话的可信度。

如果换一种思路，甲采用"缺点逆用法"，该如何处理这件事情呢？

首先，他要把衣服的完整信息告诉顾客，顾客问及的要说，不问的，也要说，让顾客尽可能了解衣服的真实情况。

其次，在特意强调衣服优点的时候，也要略微谈下某些方面的缺点。比如，在说这款衣服穿起来非常舒服，面料高档时，可以顺带提一下“像这种面料普遍有一个小问题，就是用力拉扯，容易脱线”，这样非但不会影响顾客的选择，而且显得你很坦诚。

再次，针对某些缺点，给出一些建议。比如，可以这样说：“平时要轻拿轻放，最好用手洗，不要使用洗衣机。”

在这个过程中，适当介绍一下衣服的缺点，尤其是一些无关痛痒的缺点，会增加顾客的信任度，使其买得放心。在商场上，这是一种典型的缺点逆用法，精明的老板善于运用此法。

在平时的生活中，恰当地运用缺点逆用法，也可以化弊为利。大家都拍过集体合影照，在拍照的时候，摄影师经常会说：“注意了，听我喊一二三。”结果，“三”刚喊出口，有的人眼睛就会不由自主地眨一下，结果便拍成了“瞎子”。

有些摄影师就想了：能不能先让对方闭上眼，等自己喊完“三二一”后，让对方再睁开眼呢？结果，这个方法非常有效。

如果眼睛长时间不眨，会感到干涩，不舒服，所以，我们会时不时眨一下，这个过程有时自己根本意识不到，姑且把它视为一种“缺点”。这个“缺点”的反面，就是长时间闭上眼睛。所以，当摄影师喊完“三二一”，大家一起睁眼，就很少会出现按快门的一刹那有人闭眼的情况了。如此看来，缺点，也就是优点本身。

世界上没有十全十美的事物，事物存在缺点在所难免。再者，事物本身无所谓缺点和优点，缺点不一定有害。面对缺点，要学会反转思维，多去想一想它能不能被有效利用。

对立互补——雅努斯式思维法

雅努斯式思维法，又叫对立互补法。在罗马神话中，雅努斯是一尊两面神，传说，他有两副面孔，脑袋前面一副，用来注视未来，脑袋后面有一副，用来凝视过去。古罗马钱币上也可以看到他，一手握着开门的钥匙，一手执警卫长杖，站在过去和未来之间。

对立互补法，即以把握思维对象中对立的两个面为目标，然后沿着逆向路径研究问题，并将常规思考和逆向思考有效结合起来。也就是说，在使用这种方法时，既要遵循常规的思路，也要反转思维，以便看到事物的正反两面。

有一个年轻的画家，他的作品总是很难卖出去。有一次，他偶然认识了一位犹太商人。犹太商人见他整天愁眉不展，就问他："遇到什么难事了？"

画家便向犹太商人大倒苦水："我画一幅画，只需要半天的时间，但是，要卖掉画却需要整整一年的时间，你知道为什么吗？"

犹太商人略微想了下，对他说："你完全可以倒过来试试啊。"

画家有些不解，问："倒过来？！"

犹太商人说："是的，颠倒过来！如果你花一年的时间去画画，那么你只用一天的时间就可以把它卖掉。"

年轻人吃惊地望着对方，说："什么？用一年的时间画一幅画，这也有些太夸张了吧！"

犹太商平静地说："是的！创作是非常辛苦的，且没有任何捷径可走，试试吧，年轻人！"

画家听从了犹太商人的忠告，回家之后，苦练画画的基本功，深入搜集素材，周密构思，他花近一年的时间创作了一幅画，果然，用了不到一天时间就卖掉了，而且比他卖100幅画的价钱还高。

任何事情都要从两个方面看，而且这两个方面是往往相互对立、相互制约的。在这个故事中，最初，画家只追求创作的速度，作品比较粗糙，所以，很少有人会看上他的画。后来，他提升了创作的水平，虽然花费的时间多了，但价格也高了不少。可见，创作时间、用心程度、收入水平既是相互关联、依存的，也是相互对立的。

在现实生活中，面对一些问题时，要学会从正反两个方面考虑问题，不要一味地去追求捷径。许多时候，你越是想走捷径，越会带来更多的问题，越无益于目标的达成。所以，当事情比较难缠时，不妨"倒过来"想办法！

【思维练习】

柏拉图理发

柏拉图是古希腊最著名的唯心论哲学家和思想家，他28—40岁都在国外生活。一次，他来到西西里岛的一个小镇居住。小镇只有两位理发师，他们各开了一家理发店。这两家店可谓天壤之别：一家店窗户明亮，理发师本人仪表整洁，发型大方得体；另一家店又脏又乱，理发师也不修边幅，头发乱糟糟的。

柏拉图准备理发，他观察了这两家店后，走进了那家又脏又乱的店。

你知道是为什么吗?

解答:

很简单，因为那位仪表整洁的理发师的头发也是比较脏乱的店的理发师理的。

第五章

发散思维：脑洞有多大，舞台就有多大

与有方向、有范围、有条理的辐合思维相比，发散思维似乎没有“穷尽”，需要沿着不同的方向去思考、重新组织当前的信息和记忆中的知识储备，从而产生出新思想，但它又不同于漫无目的的胡思乱想，而是从别人意想不到的点，寻找问题的新解法。

跳出框框去思考

发散思维又叫辐射思维、求异思维，是一种重要的思考方法，最先由美国心理学家J.P.吉尔福特提出。在这种思维活动中，人们不受任何框架的限制，可以充分发挥探索性和想象力，从一点向四面八方想开去，再把材料、知识、观念重新组合，以便从已知的领域，去探索未知的境界，从而找出更多更新的可能答案、设想或解决办法。

有心理学家曾做过这样的试验：在黑板上画一个圆圈，问在座学生这是什么？

其中大学生回答很一致：“这是一个圆。”而幼儿园的小朋友则给出了各种各样的答案：“太阳”“饼”“足球”“镜子”……可谓五花八门。这就是发散性思维。

或许大学生的答案更加符合所画的图形， 但是相比幼儿园孩子，他们的答案是不是显得有些单调呆板呢？

对于成人来说，很多事物都已习以为常了，并不会再去仔细推敲，由此造成了许多思维上的定势，甚至是“误势”。

有些时候，谁能克服这种生活的习惯和思维的定势，谁就是强者。富兰克林正是冒着生命的危险获得了雷电的奥秘，伽利略也正是顶着亚里士多德传统理论的巨大压力证实了他的“两个铁球同时落地”的物理定论。

发散思维好比自行车车轮一样，许多辐条以车轴为中心沿径向向外辐射。发散思维是多向的、立体的和开放型的思维。发散思维是以形象思维为基础，它不强调事物之间的相互关系，也不追求解决问题的唯一正确答案，仅试图就同一问题沿不同角度思考，提出不同的解决方案。发散思维在很大程度上也是直觉思维，它不依据确切的逻辑推理，而是凭着个人的直觉对事物和现象做出判断。

科学研究认为，人脑并非像电脑一样进行线性或序列思维，它的思维是多面的，发散性的。进入大脑的每一条信息——每一种感觉、记忆或者思想——都可以作为一种球体表现出来，从这个中心球体可以放射出上百万只钩子，每只钩子代表一个联想，每个联想又都有无限多的连接及联系。

发散思维具备的四个特点：

流畅：迅速生成多个观点或解决方式的能力。

灵活：同时设想多种解决问题的途径的能力。

独特：想出大多数人想不到的观点的能力。

可实施：不止于设想及付诸实践的能力。

发散思维是一种创造性思维，它不受思维框框的约束。运用发散思维，就不存在没有答案，或者只有一个固定不变的答案的情况，而是在解决问题的过程中探索多种可能性，并提出有创意的观点。

一个点裂变一张图

在生活中，我们时常会发现这样的现象：我们掌握的知识不一定能够解决某些实际问题，往往那些充满奇思妙想，脑洞比较大的人，却总是能想到奇招、妙招，甚至是一些看上去很奇葩的方法。所以说，解决问题的能力，不取决于我们的知识，而受限于我们的思维。

现在，我们就通过“苹果”这个简单的例子，来了解一下思维是如何发散起来的。

首先，定义中心主题。

你可以找一张白纸，在上面写上“苹果”两字，定义了这个中心主题后，接着就是围绕这个主题来拓展你的思维了。也就是说，当你面前放着一个苹果时，你将会从哪几个角度来描述它。

其次，寻找思维分支。

“苹果”是一个点，你打算从哪几个角度来描述这个点，一个角度就是一个分支。你可以找出几个分支，例如：颜色、味道、形状、品种、手感等。大多时候，我们提到“苹果”，首先会想到它的颜色与形状，“圆圆的”“红红的”，除此之外，还可以从其他的角度进行描述。人有五官，是不是可以通过五官来描述？那就在视觉和味觉的基础上，又扩展出来了听觉、触觉、嗅觉。

再次，对分支进行扩展。

上面所说的“红红的”，这个是视觉上的一个颜色，视觉上，除了颜色，还有没有别的方式？比如形状上，它是圆的还是方的？

这样，视觉这个分支就扩展成了两个，一个是颜色，一个是形状。

如果你还能想到其他的，也可以列举出来。把你能想到的都列出来，不要考虑它对不对，先尽可能列出来，最后再整理。

除了视觉这个分支，别的分支也需要进行扩展，比如味觉上，除了“甜甜的”外，是不是还有一些是酸酸的，像青苹果，另外，还有的吃起来是绵绵的，像黄苹果。

如此不断扩展、发散自己的思维，想到什么就写下来。扩散其他的分支也可以用这个方法。

再其次，持续扩展。

发散思维并不是指只发散一次，而是需要多次发散，最好是对每一个分支再进行细分。就像标题一样，有一级标题、二级标题，如果想继续，可以继续扩展至三级、四级。

上面我们将视觉分为了颜色和形状这两个分支，对于颜色，你还能想到什么？苹果有红的、有黄的、有绿的，还半红半白的，还有没有其他颜色？

如果想不到，就想想苹果的形状，圆的、歪的，还有没有其他形态？实在想不到的话，就不要只限定在外表上，切开又会有什么形状，横切开是不是还有个五角星？这样形状又可以分为外部的形状和内部的形状。

最后，进行整体回顾。

将所有能想到的都画在纸上，然后回过头来，再按一定的逻辑与顺序整理，看看有没有遗漏的。在回顾的过程中，还可能激发出新的思维。当整理好自己的思维后，你会发现，脑子里有一种画面感。此时，再想想苹果，你的脑子里就不只有“红红的”“圆圆的”的形象了。

看待问题不但要持开放的态度，也要运用发散思维，否则，约束自己的思维，就只能看到事物或是现象的一个或几个方面。

正确答案不止一个

先看一道题：

一个圆，一个三角形，一个半圆，哪个图形与其他两个不同？

大多数人会认为，这道题只有一个答案，可再想一想呢？如果选择三角形，理由是，它是唯一一个用直线构成的图形；如果选圆，理由是，它是唯一一个用曲线围成的封闭体系；如果选择半圆，是因为它是唯一一个用曲线和直线共同围成的图形。

从不同的角度看，答案也不尽相同，而且每个答案都有理有据。看人看事也是这个道理，千人千面，每个问题都有多种属性。遇事要多从正反两个角度思考，不要固化自己的思维。比如做选择题，有的是单选，有的是多选，学生往往最害怕做的，就是不定项选择题，因为不知道有几个答案是正确的。所以有时多选，有时少选。

在一次考试中，做某单选题时，所有学生都只选了一个答案。但是，有一个学生填了两个答案。老师阅卷时，直接把这道题的分扣掉了。在课堂上，老师对学生们说："有的学生真是不长脑子，明明是单选题，却当作双选题做，一看就是没有认真看答题要求。"

这位学生站起来说："老师，那道题就应该是两个答案。"

老师说："我不好意思点你名，你倒好意思站起来。"

一句话，引得学生哄堂大笑。

那位学生坚持说："那道题就应该是两个答案。"

老师认真地计算了下那道题，结果正如那位学生所说，这道单选题确实有两个正确答案，是试卷出了问题。

在思考问题的时候，我们往往认为找到一个答案就可以了。其实，有了一个正确的答案后，还可以找到第二个、第三个，甚至更多的正确答案。不要固执地认为解决一个问题、办好一件事、只能有一个正确答案。想到一个好办法后，应该再想想，还有其他什么好办法没有？还有更好的办法没有？只有一种思路的解决办法，未必是最好的办法。多想几种办法，然后进行比较、综合，择优形成一个更好的方案，可能对解决问题更为有利。

曾经，英国《泰晤士报》出了一道题，公开有奖征求答案，题目是：从伦敦到罗马，走哪条路距离最短？

很多人从地理上去寻找答案，结果一个也没有入选。还有人从历史角度出发寻找答案，答案没有错误，但仍然落选。最后一个12岁女孩儿的答案被选中，她的回答是：一个好朋友。

这个很不寻常的答案征服了所有人。有人问女孩儿是如何想到这个答案的，她回答说："我并不是从地理的角度想问题，因为很多人都会从地理方面进行思考。"

当然，包括女孩儿的答案在内，许多答案都没有错。只不过有人是从地理角度、历史角度思考，而女孩儿是从人性的角度思考。同一个问题可以得出不同的正确答案，这是一种很正常的思维逻辑，不值得大惊小怪。

世界是丰富多彩的，各种事物复杂多样、千差万别，这决定了很多时候正确答案不止一个。人们的利益追求和价值观念也是多种多样的，很难用一个标准、一把尺子衡量是非对错。在思考问题时，没有必要拘泥于“一个正确答案”。正所谓“横看成岭侧成峰，远近高低各不同”，同样一件事，用不同的思路去思考，能找出若干种解决问题的方法；同样一件事，每个人的分析角度不同，会得出不同的评价；同样一篇文章，从不同的角度看，会有不同的品读。这些方法、评价、感受，没有绝对意义上的对错之分，只是角度不同而已，何必固执地认定事情只有一个正确答案呢？

打开你的思维，别尬聊

有人给一个小伙子介绍了一个对象。小伙子经常找女方聊天。

小伙子："在吗？"

姑娘："在。"

小伙子："你吃饭了吗？"

姑娘："吃了。"

小伙子："你在干什么？"

姑娘："上网。"

小伙子："你那里天气好吗？"

姑娘："还可以啊。"

小伙子："哦，那你忙吗？"

姑娘："不忙。"

然后就没有话题可讲了，过了一会儿，小伙子又问："没事，就想问问你忙不？"

姑娘："我说了，不忙，先就这样吧。"

结果，没聊两分钟就结束了。

不少人都经历过这样的尴聊，这个时候，脑子里总是会想：我该说些什么，但就是想不出新的话题。当把事先准备的话题聊完后，就进入了一个死胡同，就成了一个哑巴。这也是许多人把天聊死的原因。其实，我们可以反转一下自己的思维，不要只关注聊天话题，而要多关注聊天本身，如该怎么去聊天。如果上面的小伙子能改变一下思路，按下面的方法聊，效果一定错不了。

小伙子："在吗？"

姑娘："在。"

小伙子："吃饭了吗？"

姑娘："吃了。"

小伙子："这么早就吃了，都吃的什么呀？"

姑娘："牛肉面啊。"

小伙子："是你自己做的吗？"

姑娘："我不会做饭，是叫的外卖。"

小伙子："啊！怎么会呢？一个女孩子不会做饭，看你怎么嫁得出去！"

姑娘："以前在家都是妈妈给做。"

……

小伙子："那就明天上午，我在你们公司楼下等你。"

姑娘："嗯，明天见。"

看，约会成功了！

在这个案例中，我们可以看到，小伙子每聊一两句，就会带出一个新的关键词，从而展开一个新的话题。这就是一种发散思维。如果某个话题对方不感兴趣，或是有抵触心理，便会返回去。这样，整个聊天过程自然、紧凑，而且气氛很轻松，不但能和对方聊到一块儿，而且对方也想聊。如果只是将话题局限在某几个方面，很容易把天聊死。

所以，在聊天过程中，要想把天聊好了，需要运用发散思维。如何运用这种思维呢？

首先，要用好聊天中的关键词。

比如，有人和你说："我很喜欢旅游，曾经在海边旅居过一段时间，算得上是我度过的最美的时光了。”注意，这句话中第一个关键词是“旅游”，第二个关键词是“海边”，第三个关键词是“感受”。你在接对方的话题时，可以从这三个方面入手，并进行拓展。如第一个关键词“海边”，你可以这样拓展：“我也很喜欢大海，待在海边，我会感到心是宁静的，我特别喜欢光着脚站在沙滩上。”当然，你也可以将关键词重新组合起来，然后构成更为饱满的对话内容。如此，你可以感觉到这种话术思维的魅力——利用发散思维不但可以全面展开话题，也可以深入话题。

其次，少问封闭问题，多问开放式问题。

有答有问，问得好，答得妙，聊天才能深入、顺畅地进行下去。问别人问题，一定要多问对方开放式的问题，这类问题比较容易回答，如果是问封闭的问题，很容易终结话题。

【思维练习】

你能想到哪些方法？

左边3支铅笔，右边5支铅笔。你能想出什么办法，使左右两边同样多？

解答：

方法一：把右边去掉两个，这是一种总数减少的方法（如下图所示）。

（答案有3个）

方法二：把右边的一个移到左边，这是一种总数不变的方法（如下图所示）。

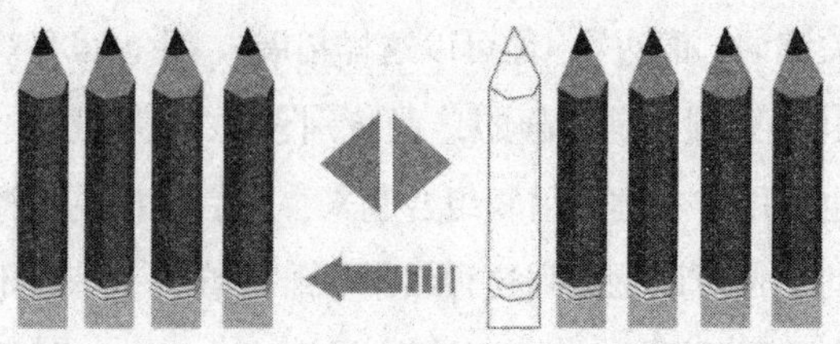

（答案只有一个）

方法三：把左边添上两个，这是一种总数增加的方法（如下图所示）

（答案有无数个 ）

方法四：把左边添上一个，右边去掉一个，这还是一种总数不变的方法（如下图所示）。

（答案也有无数个 ）

第六章

收敛思维：从核心解开问题的症结

如果说发散思维是“以一趋多”，那么收敛思维则表现为“以多趋一”。收敛思维是在已知的条件下建构为了解决问题的最佳答案，是直接提供创造性成果的重要思维方式。在解决问题时，如果不具备收敛思维的能力，而只是无限制地求异，则难以获得新的成果。

从核心解开问题的症结

收敛思维又称“集中思维”“收敛思维”“辐集思维”。它是把已知命题作为出发点，遵循传统的逻辑规则，沿着归一的或单一的方向进行推演，最终得出一个合乎逻辑规范的结论。

收敛思维的思考方式，与你在回答一个多项选择题的时候所进行的思维活动类似。在收敛型思维过程中，你首先把可能性只局限在几个选择上，然后从中选取所谓“最好”的答案或结论。

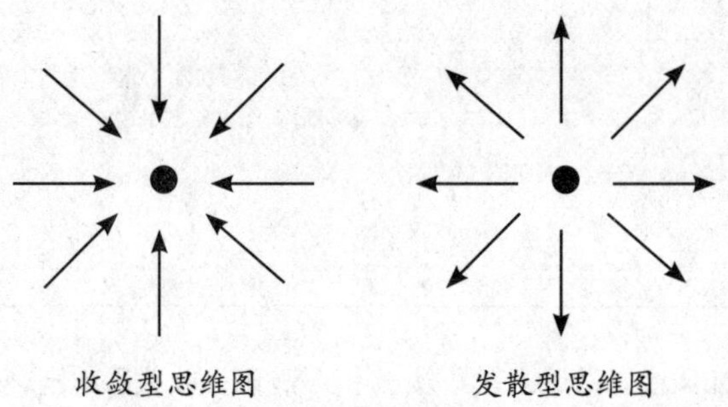

收敛型思维图　　发散型思维图

在思维过程中，如果发散不以收敛为前提，思维就不会获得结果；收敛如果不以发散为前导，思维就不会有发展与突破，只能停留在原有的水平上。

发散思维好像从一点向四面八方射线，收敛思维好像从四面八方射向一点；发散思维是重在疏导、变通，收敛思维重在梳理、调节、控制；发散思维是发散开去，便于选择，便于求新，收敛思维是集中起来，便于开掘，便于求深。

来看一个例子：

在某国有一家烟草公司，该公司试制了一种新型香烟，命名为“环球牌”。就在其准备向市场推广时，全国掀起了一股反对吸烟的运动。显然，“香烟推广”与“禁烟运动”是对立的两件事。为了打响自己的香烟品牌，而又不与当前的戒烟运动相冲突，就必须把矛盾的两件事结合起来，找出其共同点。

如果你是公司的CEO，你该怎样运用收敛思维拟一条广告呢？你可以这样写：禁止吸烟，连环球牌也不例外。

这样，就可以将收敛思维与发散思维巧妙地结合起来。正如美国学者库思所说，只有在发散思维和收敛思维这两种方式相互拉扯所形成的“强力”下，科学才能发展。在实践活动中，发散思维和收敛思维是反复交织，相辅相成，缺一不可的，它们是创新思维的两翼。

运用收敛思维，强调整体意识，概括归纳，突出全面性，更要突出重点性。教育家叶圣陶先生曾用“圆球”来比喻一篇文章，说“圆球有一个中心，各部分都向中心环拱着”，同样，一篇文章的各部分应该环拱于中心，解决一个难题，也要让各个要素、条件环拱于中心问题。

在追随变化中思考不变

当大家都在依据变化而挖空心思想如何创业成功的时候，当大家都在担心自己的商业模式会因新技术和新模式的运用而被迅速颠覆的时候，亚马逊的创始人贝佐斯却提出了一个问题：“未来十年，什么是不变的?”

根据这样的思维，他找到了三件很普通，却不会改变的事情：无限选择；最低价格；快速配送。

贝佐斯确认了这三件不变的事情后，便将亚马逊主要资源都用在了上面，而且获得了有目共睹的成功。

在现实生活中，我们随处可见这种收敛思维的运用。比如：如今的自媒体比较多，但大部分都在投人所好，什么流行就写什么，或是做一些鸡汤文，或是评述一些热点事件，以吸引人们的眼球，很少会想什么才是不变的东西，什么样的内容才是经久不衰的。

现在，我们置身于一个快速变化的时代，面对自己的工作，我们会花很多时间担心：5年、10年之内会不会失业？身处的行业有没有发展前景？其实，我们更应该转换思维，想一想：即使行业在发展，在变化，但其中的哪些东西是不变的，是不可替代的，新的工作机会又将从哪里产生。

客观地说，社会的宏观变化与自己的实际成长没有太大的关系，社会经济形势好，还是差，也多半不会对自己的工作产生重要的影响。有的人经常在抱怨：现在实体店生意太难做了，都是因为马云的互联网思维。其实，生意从来就没有好做与不好做之分。不是生意不好做，是你的生意不好做。当你的生意不能适应社会的变化，不能适应市场的需求，只有被淘汰的份。

产品可以被市场淘汰，人也一样，一个为了变化而变化，随波逐流的人，注定难有大的作为。只有在变化中思考不变，抓住事物最本质的东西，才能在变化中提升自己的认知、技能、情商，才能解决面临的困境。

女儿7岁。一次，放学回家，女儿对妈妈说："妈妈，你真安逸，根本不用想做作业的事儿。"

妈妈说："那这样吧，我帮你写作业，你来检查好吗？"

女儿听了，非常高兴。

年轻的妈妈做完作业后，便交给女儿检查，女儿认真地检查了一遍，还给妈妈讲解错题、列出算式，但是她不知道她妈妈为什么把每道题都做错了。

在这个段子中，年轻的妈妈巧妙地抓住了教育孩子中的"变"与"不变"：变，即改变方法；不变，即保持女儿学习的热情。这样，既激发了女儿学习的兴趣，也帮助她达到了学习的效果，可谓一举两得。

在变化中，追随不变，是一种收敛思维方式。有的人为了变化而变化，一年换几次工作，几个行业，做什么都是蜻蜓点水，不懂深入，变化可谓眼花缭乱，但得到的教训多于经验，最终路该怎么走，方向在哪里，都搞不清了，因为整个人心都散了，收不回来了。有的人，几年干一份工作，伴随着行业的变化、市场的变化、工作内容的变化，整个人也在成长。

结果是，前者十年干了十个行业、三十份工作，并且还在寻找新的工作，而后者可能已成为职业经理人，甚至是老板。所以，人总是要变化的，但变化是为了成长、提升，不是只为了适应。

目标识别法：发现关键现象

目标识别法，是一种重要的收敛思维方法。简单来说，就是在解决问题时，要善于观察，掌握事实，并从中发现关键的现象，关注这些现象的同时，要运用定向思维。

第一次世界大战的时候，许多参战国都会专门训练一些专职人员，让他们去分辨空中的飞机是否为敌机，在训练中，要求这些人员能够在很远的距离就可以判别出飞机的型号。在使用这种方法的时候，通常是先设计或确定某一思维类型的关键现象、本质、观点，等等，之后再关注这一目标。这样做可以产生如下几种结果：

一是促使我们去寻找不同的思维模式和思维类型；

二是使我们准确无误地了解思维过程；

三是使我们能识别特定的思维类型，并采取对应的行动。

第一次世界大战期间，法国军队的一个旅司令部在前线构筑了一座极其隐蔽的地下指挥部。指挥部的人员深居简出，行为异常诡秘。但不幸的是，他们只知道人员的隐蔽，却忽略了长官养的一只小猫。德军的侦察兵在观察战场时注意到：每天早晨八九点钟，法军阵地后方的一座土包上总会出现一只小猫在晒太阳。德军根据这个现象做了如下的判断：

首先，这只猫肯定不是野猫，一般野猫白天不会出来，更不会在炮火连天的阵地上出没；

其次，猫总是栖身在土包附近，因为附近没有人居住，所以那里很有可能是一个地下指挥所；

再次，经过仔细观察，发现那只猫是非常名贵的波斯品种，在战斗间隙还有兴趣玩这种猫的，肯定不是普通的军官。

根据以上推理，德军判定：那里一定有法军的地下高级指挥所。随后，德军集中六个炮兵营的火力，对那个地方进行猛烈的炮击。事实证明，他们的判断完全正确，那个法军地下指挥所的人员全部阵亡。

在使用目标识别法时，首先要确定搜寻的目标，进行仔细观察并做出判断，找出其中关键的现象，围绕目标再运用收敛思维。

目标识别法有一个特点，就是先发散，再收敛，如下图所示。

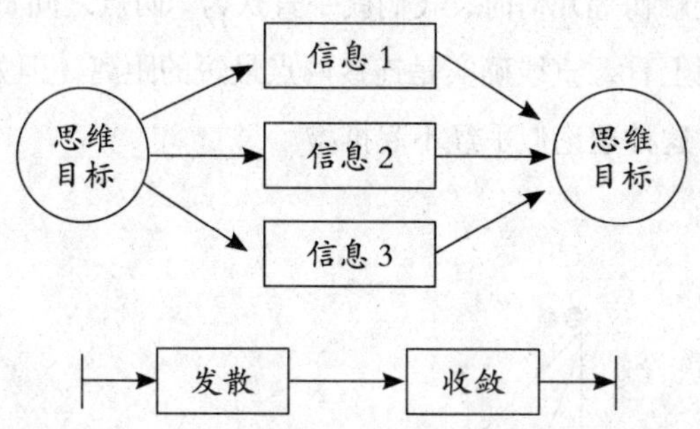

在生活、工作中，这种方法有着广泛的运用。掌握目标识别法，需要深入了解某一事物的特性，并依据相关的特性不断进行推理、判断，直至接近问题的本质或是核心。

间接注意法：找到最速曲线

与目标识别法一样，间接注意法也是一种常见的收敛思维方法，在现实生活中有着广泛的运用。那什么是间接注意法呢？间接注意法，即运用最速曲线，或间接的方法，来寻找重要的，或是关键的技术或目标，进而达到真正的目的。

什么是最速曲线？

从刚接触初等几何时，我们就一直认为“两点之间直线最短”。从平面空间上看，直线确实是连接两点最短的距离，但如果放在立体运动中，这种理论似乎经不起推敲。

如图：

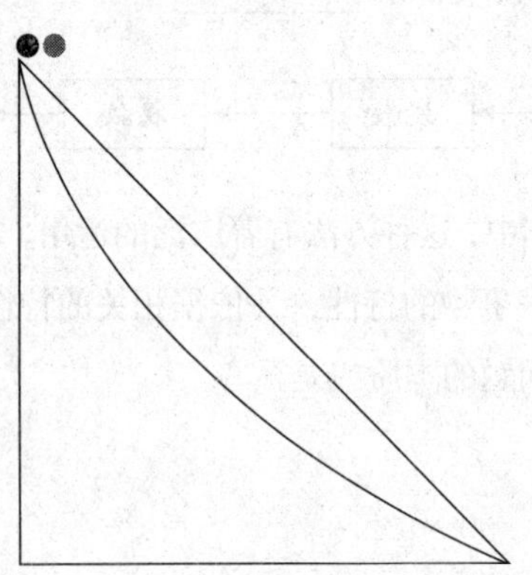

两个球同时从A点出发，一球走曲线，一球走直线。当走直线的球“以为”自己在距离最短的斜坡上必将一马当先率先抵达终点

的时候，却惊奇地发现，最先到B点的却是走曲线的小球！这条曲线就是最速曲线。

在现实生活、学习中，这种方法也很常见，比如我们解答一个方程式，如果直接求解的话，会无从下手，或者过程非常复杂，如果设置一个函数作为辅助，问题会变得非常简单。

有这么一个故事：

在唐朝的时候，有几个藩属国的使者来觐见，并提出与唐室联姻。皇帝没有说行或是不行，而是给他们出了一道题，并且说："你们谁能答上这道题，公主就嫁到谁的国家。"只见他取出一个有着弯弯曲曲通道的玛瑙球，要求使者们用丝线穿过去。

第一位使者使用金丝钩着丝线直接往里穿，穿了半天，也没有穿过去，急得满头大汗。第二位使者换了个方法，他用嘴在玛瑙的另一端直接吸气，想把线吸过去。结果累得气喘吁吁也没把丝线吸过去。

第三位是吐蕃国的使者，他先将丝线系在一个大蚂蚁的腰间，然后在玛瑙的另一端涂上蜂蜜。蚂蚁为了吃到对面的蜂蜜，一头钻进弯曲的通道，急速前行，很快就穿过了玛瑙球。就这样，这位使者通过蚂蚁间接地实现了穿线的目的。

在做总统之前，林肯曾当过律师。有一天，他接到一件案子：一个叫阿姆斯特朗的人被人诬告为谋财害命的凶手。一个福尔逊的证人坚称，他亲眼目睹了阿姆斯特朗在午夜行凶杀人。林肯接到这个案子后，做了大量仔细的调查，并亲自勘察了现场，最终摸清了事实。刚开庭时，林肯就巧妙地采取了迂回战术，而没有直接揭露证人的谎言，进而使证人的证词不攻自破。他们的对话过程如下：

林肯：你起誓说看清了阿姆斯特朗？

福尔逊：当然。

林肯：你说你当时在草堆的后面，阿姆斯特朗在一棵大树下面，你们相距有二三十码，能确认自己能看清吗?

福尔逊：看得非常清楚，因为当时月光很亮。

林肯：你确信不是凭衣着猜测的吗?

福尔逊：我绝对看清了他的面目，因为月光正照在他脸上。

林肯：你能肯定凶杀时间正是晚上十一点钟吗?

福尔逊：当然，因为我回家后看了时钟，正好是十一点一刻。

最后林肯向法庭宣布："证人是个十足的骗子。他信誓旦旦地说，18日晚上十一点钟月光照在凶手的脸上，所以他认出了阿姆斯特朗。然而，请法庭注意，10月18日是上弦月，十一点钟的时候月亮早就下了山。即使月亮没有下山，月光能够照到被告的脸上，这时被告脸朝向西面，而证人在树东面的草堆后，怎么能看到被告的脸？如果被告回头，月光就照不到他的脸，那证人也就没有办法认出他。"

在这段对话中，林肯先通过迂回的方法，将证词一一敲定，然后再从正面发起攻击。在这个过程中，他展现了出色的思维技巧和辩护才能，最终逼使福尔逊当场承认自己做了伪征。被告也因此被判无罪。

在一个点上进行深度思考

深入探究问题，也即聚焦问题，是指在思考问题时，有意识、有目的地将思维过程停顿下来，并将前后思维领域浓缩和聚拢起来，以便帮助我们更有效地审视和判断某一事件、某一问题、某一片段信息。由于这种聚焦带有强制性指令色彩，因而它对人们的思维可产生双重作用。

一是提高思维的深度。通过反复训练，培养我们的定向、定点思维的习惯，形成思维的纵向深度和强大穿透力，犹如用放大镜把太阳光持续地聚焦在某一点上，就可以形成高热。

二是提升解决问题能力。由于经常对某一片段信息、某一件事、某一问题进行有意识的聚焦思维，自然会积淀起对这些信息、事件、问题的强大透视力、溶解力，以便最后顺利解决问题。

有一天，伽利略参加萨大教堂的集会。牧师滔滔不绝的讲道一点也没有引起他的兴趣。他的注意力被大教堂天花板上的一盏吊灯吸引了。那盏吊灯在风的吹动下，不停地摆动着。他聚精会神地注视着、思考着……经过观察，他发现吊灯摆动的振幅虽然慢慢地减小了，但摆动的周期却不变，即摆动周期与振幅有关。之后，他带着这个问题，进一步“聚焦”，观察了许许多多不同材料做成的不同形状的钟摆，由此得出了钟摆摆动等时性原理。

很多人反复执着于同一个问题，找不到答案，其实很大程度上，是因为他们的思考方法不正确，或者根本没有深入思考。为什么这样说呢？因为如果真的进行过思考， 是不应该有“开放性问题”的，你应该能够将它们转化成“封闭性问题”。

因为，所有的开放性问题，其实都可以通过思考，一步步缩小范围，重新定位到“关键信息”，就像苏格拉底曾说的那样，“所谓思考过程，不过是提问和回答”。在提问与回答中，不断地收敛问题。

例如，你想在某个行业发展，就先要了解这个行业有哪些基础岗位，每个岗位都有些什么要求。然后再对比自己的条件。这就是在用收敛思维思考问题。

再比如，你今天的工作没有做好，你要进行反思。怎么反思？首先，要清楚标准的工作流程。如果你把流程弄错了，你就要追问自己：为什么没有事先弄清楚标准？是因为没有时间，还是自己不够重视，还是不知道如何获取相关信息？

如果是不够重视，那么，是什么原因导致你没有重视？你在执行的时候，心里是如何想的？你是通过哪些因素来判断优先级的？是这些因素本身有误，还是你对这项工作的理解不到位？如此，一步步地深入思考，直至找到问题的根源，从而知道自己错在什么地方。接下来，要把“原因”转化为“行动”。坚持用这种思维方式做事，并逐渐内化为习惯。你会发现，这种深度思考给自己带来的变化是非常大的，它将不断扩大你的认知边界，不断推动你进步。

马克·吐温说：“人的思维是了不起的，只要专注于某一事业，那就一定会做出使自己都吃惊的成绩来。”

在一个点上，不断地追问“为什么”，并回答这些“为什么”，生活中的大部分问题都是可以被解决的。懂得深度思考的人，在面对新事物时，能够快速提出自己的问题，并给出自己的答案。

【思维练习】

怎样拿走 20 个鸡蛋

有一个男子篮球运动员，一天只穿了一条短裤，戴了一块手表，在球场上练习投篮，有个人给了他20个鸡蛋，这个人把鸡蛋放在球场的地上就走了。

球场边没有任何可以来装鸡蛋的东西，也找不到可以帮忙的人，实在让这位运动员感到为难，可是他想了一会，他还是想出了办法。

解答：

用手表链上的销钉把篮球的气放掉，然后把一边凹进去成碗状，就可以放鸡蛋了。

第七章

加减思维：有所为，有所不为

人生就是“有想要的——得到想要的——萌生另一些想要的”的过程，它的动因是永不满足。这些“不满足”总是把人的“想要的”引向更高的层次。不过，减少一份愁苦，减少一份精神沉疴，减少一份想要的，相应地也会减少一份成功的累赘。

二八思维：关注重要的少数

二八思维，是19世纪末20世纪初意大利经济学家帕累托发现的。他认为，在任何一组东西中，最重要的只占其中一小部分，约20%，其余80%尽管是多数，却是次要的，因此又称二八定律。

二八思维说明了一个重要的道理，即关键的往往是少数，一个事物20%的特性往往决定了事物80%的重要性。许多时候，我们只需要将思维、精力、时间集中到那重要的20%上，便能抓住问题的核心。

不管是设计一件商品，一个商标，还是解决一个问题，关键是要抓住问题的核心，然后运用二八思维，在核心问题上精益求精，在次要问题上，要尽可能精简流程、方案。一味地贪大求全，忽略主次，不但浪费时间与精力，也无益于把握问题的核心。

在运用二八思维关注重要的少数时，需要做好两个“减法”：

1.减掉低效率、低价值的事情

抛弃了低效、低价值的事情后，时间就会变得更加充裕。但是，该如何做这道减法题呢？先看一个例子。

有一天，莫泊桑跟舅父去拜访他的好友——著名作家福楼拜。舅父想推荐福楼拜做莫泊桑的文学导师。但是，莫泊桑非常傲慢，他质问福楼拜到底懂些什么。福楼拜反问莫泊桑，你都懂些什么？

莫泊桑非常得意地说：“我什么都懂，只要你知道的，我就知道。”

福楼拜平静地说：“好吧，你就先跟我说说你每天的学习情况吧。”

莫泊桑自信满满地说：“上午我用两个小时来读书创作，再用两个小时来弹钢琴，下午则用一个小时向邻居学习修理汽车，用三个小时来练习踢足球，晚上，我会去烧烤店学习怎样制作烧鹅，星期天则去乡下种菜。”

他讲完后，反问道：“福楼拜先生，我想听听你每天的工作情况。”

福楼拜笑了笑说：“我每天上午用四个小时来读书写作，下午用四个小时来读书写作，晚上，我还会用四个小时来读书写作。”

莫泊桑有些不解：“难道您就不会别的了吗？”

福楼拜没有回答，过了一会儿，他问道：“你究竟有什么特长，比如有哪样事情你做得特别好的？”

面对这个问题，莫泊桑无言以对。于是他便问福楼拜：“那么，您的特长又是什么呢？”

福楼拜说：“写作。”

原来特长便是专心地做一件事情。莫泊桑下决心拜福楼拜为文学导师，一心一意地读书写作，最终取得了丰硕的成果。

莫泊桑最终之所以能成为法国著名的大文豪，就是因为他改变了之前的做法，把时间与精力集中在最重要的事情上，而没有在低效率、低价值的事情上浪费时间与精力。

2.减掉选择项，专注做一件事

任何一个人，要确保进步，唯一方法就是疯狂地对待你要专注的事情。专注于重要的少数，一件事情一件事情地做，这种一点一点不断累积的工作方式，要比想疯狂地一次性完成大量工作要高效得多。这就好比你要一次减掉10千克的体重，永远没办法做到！但是，如果你将目标调整为一次减掉1千克，并把它当作一件重要的事情来做，目标很容易达成。

所以，二八思维为我们提供了一种做事的思路：将更多的精力与时间集中到重要的少数上，在琐碎的多数上做减法，这样，才能“避轻就重”，省时省力，高效率地达成目标。

极简思维：简单=有效

极简思维，顾名思义，就是尽可能将复杂的问题简化，并用简单、有效的思维去思考问题。通常，级别越高的人，时间观念越强，做事越讲究效率，越注重结果。体现在思维方面，就是他们喜欢运用极简思维。有许多企业家对下属都有这样的要求：如果你拿过来的报告是厚厚的订起来的，那我肯定不会看。在碎片化时代，时间和精力早就是最稀缺的资源。从这个意义上讲，做事之道就是简化之道，简化才意味着对事务真正的掌控。

要说贯彻极简思维最著名的公司当属苹果了。极简思维也是史蒂夫·乔布斯的思维方式，他曾说："你必须努力理顺你的思维，才能使其简单明了。"iMac上市的时候，未配置软驱。虽然当时软驱算是不可或缺的，然而乔布斯基于"那种东西迟早会被淘汰"这个想法而放弃使用。而如今的MacBookAir没有局域网接口，是因为考虑到"可以使用无线局域网"。

所以，对苹果公司来说，添加功能不是革新，精简功能才是革新。正是从这个意义上说，"简单"二字是理解乔布斯的一把钥匙。"简洁是终极的复杂"，这句话来自苹果公司的第一本宣传手册，如米开朗基罗有句名言："雕像本来就是在石头里，我只是把不要的部分去掉。"乔布斯对简洁的追求也来源于他征服复杂结构的自信，而不仅仅是忽略复杂的功能。

职场中的我们也是一样，一旦陷入"多线程"工作，往往"一事无成"。这并不是我们偷懒，而是"多任务"模式占用太多心智带宽，在资源有限、时间也有限的情况下，很难两全其美。所以，想要成功，必须做减法，必须要运用极简思维。

迈克总是很忙碌，上班时处理各种杂事、琐事，下班后的时间仍被工作上的事务占据，他为此感到很苦恼。于是他跑去学习如何进行时间管理，并做了一个详细的工作计划，从早晨起床，到晚上睡觉，哪个时间段应该做什么，都写得一清二楚。

但是，在工作中他总是被一些琐碎干扰。比如，会被老板叫到办公室开会，突然被同事叫去会见客户……每天，这些事会占用他不少时间。每次下班前，他会发现当天要做的事项大多没有完成。于是，他开始变得焦虑起来，这种焦虑又反过来影响了他工作时所需的专注与效率。为此，他深陷痛苦之中，并寻求朋友的帮助。

有位朋友告诉他："其实，你在最开始就错了！细想一下，你每天真正用来处理你手头上工作的时间真的有8个小时吗?"他想想也是，一天8小时的工作，其实4个小时就足以完成了。

在这个故事中，一方面，外界的干扰会占用迈克的时间和注意力。另一方面，他内在的自律能力也会阻碍计划的进展。没有谁会在8小时内100%保持专注。迈克为自己安排了8个小时的工作量，其实，真正有效的工作时间还不到一半。这种情况下，需要做的就是给自己的工作时间做"减法"。

递归思想：有选择地舍弃

递归思维，也是一种减法思维，或是倒逼思维，在制定计划时经常被使用。工作中常说的“结果导向”，其实也包含着倒逼的含义在其中。在以结果为导向的工作中，我们要实现预期的结果，必须要精简做事的流程，必须避免在无关的问题上浪费时间，必须避免浪费相关的资源，必须要摈弃低效的方法。

谷歌公司有一道面试题：

两个人一起做一个游戏。第一个人先从1和2中挑一个数字，第二个人可以在对方基础上选择加1，或加2。然后又轮到第一个人，他可以再次选择加1，或加2，之后把选择权交给对方。就这样双方交替选择加1或者加2，谁正好加到20，谁就获胜。

如果你是应聘者，你不打算采取策略，保证自己一定能够赢？为了便于理解，接下来我们以“谁加到10谁就赢”来举例。假设你和主考官玩这个游戏：

如果让你先选，你选择加2，主考官选加2到4，然后你选加1到5，主考官还选加2到7。接下来，不论你选加1到8，还是加2到9，主考官都能加到10，因此主考官必赢。当然，你可能觉得后选的人比较占便宜，这次换主考官先选。他选择1，你可能选择加2到3，然后他选择加1到4。接下来，如果你选择加2到6，他会选择加1到7，这又回到第一次最后的状态，主考官还是赢了。

或许，你已经从上面的这个例子中找到了解题的诀窍。如果要想抢到10，必须先抢到7，接下来要抢到4，1。不论谁先选择，只要能抢到4，就可以完全控制整个过程。针对谷歌的面试题，如果要抢到20，必须要抢到17，接下来是14，然后抢到11，8，5，2。也就是说，对于这道面试题，只要先抢到2就可以获胜了。

这看似是一道智力题，其实考查的是面试者对递归思想的理解。如果是一般人，让他们数数，他们会从小往大数，但上面那道题的思路正好相反，它要寻找到20，先要找到17，接着14等等。这就是递归的思想。

递归，是计算机中的名词术语，指在函数的定义中使用函数自身的方法，即程序的自身调用。

当然，这里提到的递归思想，并不是要求我们去学习相关的计算机知识，而是借用计算机知识，给我们提供一个新的看问题的方法和解决问题的思路，也即倒逼的思维。通过践行这种思维，我们会发现，许多事情不是真的非要做，事情是没有办法做完的，需要有选择性地舍弃。

比如开发某个项目的排期，有两种思路：一种是按时间顺序评估每个任务的所需时间，包括后台开时间，前端开发时间，测试时间，这是一种做法；另一种做法是从后往前推，即所谓的倒逼。比如，某网站要在12月份上线一个新功能，那么11月1日前必须开始测试，10月20日必须完成前端开发，10月1前必须完成后端开发……

在现实中，哪种方法更有效呢？总体来说是后者。如果按照第一种方法，会发现许多事情是无法在既定的时间内完成的，所以最后一项任务的时间往往不够用。如果按照递归思想，从结果往前倒推，就顺利很多。

目标不在于多而在于精

目标不在于多而在于精，比起“有所为”，“有所不为”对于我们同样重要。在生活与工作中，我们要学会运用“加减思维”，该加的时候加，该减的时候也要减，将时间与精力多用在重要且有意义的事情上。

在现实生活中，每个人都曾制定过人生或工作计划，面对大大小小的目标，我们会本能地“避重就轻”——倾向于先完成那些不需要耗费时间和精力的事情，而这些较“轻”的目标所创造的价值要远远低于那些较“重”的目标。

在2014年软银世界大会上，孙正义说，到2050年日本经济将成为全球第一。他说的这个说法让在场的人感到匪夷所思。在惊疑之际，一个问号出现了：他是基于什么样的判断呢？后来人们得知，他是根据自己得出的一个竞争力公式，即复活方程式：竞争力=生产性×劳动人口。依据这个公式，只要大力发展机器人，日本便可以不断提升竞争力，最终达到世界第一。

世界瞬息万变，五年之后的世界将会如何，已经很难判断，更别说40年后了。我们除了震惊于他的预测，更加值得思考的是，他的思维及思维方式。

纵观而论，孙正义的所有思考方式均可以在他《孙氏双乘兵法》的25个字中找到依据。其中，关于实现目标的减法思维，是非常值得借鉴的思考方式。他说，要做成一件事，不能用加法，只能用减法。一般人的思维是，做成一件事，先做什么，再做什么，最后做什么。但是，减法思维是：先确定最终目标，然后往前追溯，要实现目标，在目标前一阶段要做到什么；而要达到这点，在它前一阶段又要做什么。这是一种逆推的思维。

举一个例子。

如果你计划一年内要开发120个客户。那么从第1个月开始，你每个月应该开发10个。如果时间已经过了半年，已开发了30个，你还剩下6个月的时间，也就是说，从现在开始，你每月要开发15个，平均二天就要开发1个。

简单来说，逆推就是从剩余的时间反向推算每天该做的事。在平时的生活与工作中，我们该如何用这种减法思维来做计划呢？

计划是统揽全局，掌握整体情况，因此，需要根据工作的难易程度，分段设置目标。比如，可设置月度目标、季度目标等。一个完善的计划离不开逆向日程安排。例如，还有两个月就要进行目标考核，那么倒退回去，可以对这两个月的时间进行阶段计划，然后再细化为周计划、日计划。即，从结果来做计划，我们心中要达到什么目标，多久达到这个目标。

很多人不善于做计划，要么做的计划缺少可行性，要么太过呆板，要么比较随意，结果呢，目标很难完成。在制定目标的时候，一定要运用加减思维，该细化的要细化，该丰富的要丰富，该删减的要删减。特别是做减法的过程，其实是分析并发现关键因素的问题。因为，只有问题能引导出答案，而答案无法推导出答案。

【思维练习】

爱迪生的方法

一天，爱迪生在实验室里工作，他递给助手一个没上灯口的空玻璃灯泡，说："你量量灯泡的容量。"然后又低头工作了。

过了一会儿，他问："容量多少?"他没听见回答，转头看见助手拿着软尺在测量灯泡的周长、斜度，并用测得的数字计算。爱迪生说："时间，时间，怎么费那么多的时间呢?"

然后他又问："还需要多长时间?"

助手回答说："还要一个小时吧。"并且想把计算的程序讲给爱迪生听。爱迪生没有等他说完，便拍了拍他的肩膀说："我来吧。"

只见爱迪生拿起那只空灯泡，用一个非常简单的方法，一分钟就测出了它的容量。

你知道爱迪生采用的是什么方法吗?

解答：

爱迪生拿起那个空灯泡，向里面斟满了水，然后再将水全部倒入量杯里，然后便可读出它的容量。这里，爱迪生使用的是化繁为简的减法思维。

第八章

平面思维：把问题放在坐标系中

俗话说："变则通，通则久！"在一些暂时没有办法解决的事情面前，应该学着变通，此路不通，就换条路走，大路不通就走小路，建立普遍联系。条条大道通罗马，不能一条路走到黑，不钻牛角尖，全方面看问题，才能找到更好的方法与机会。

用两只眼睛看世界

虽然“维”的概念比较容易理解，但是要从数学的角度进行严格的定义，还是比较难的。19世纪末，有人注意到，可以用一维的直线把二维的正方形盖满，这样一来，就没有办法解释直线和正方形的维数差别。一些知名的数学家对此进行深入的研究，直到20世纪20年代，才形成一个严格的拓扑学理论，即维数论。现在比较热门的混沌和分形理论，都需要以维数理论为基础。

在明确了维数的概念后，我们便可以马上将其运用于实践中。最典型的一个例子，就是在军事行动中，我们逐步由一维扩大到二维和三维，也就是从直线战争扩大到平面战争和立体战争。历史经验告诉我们，用二维的思维可以解决用一维思维解决不了的问题。

那么，什么是二维思维法呢？二维思维也叫平面思维，是指对思维对象只在一个平面上作单一定向的思维。如用图形表示的话，既可以表现为平面上一个定点向周围展开，也可以表现为向着一定方向延伸开来的直线。法国心理学家、《六顶思考帽》的作者爱德华·德·波诺给出的解释是：“平面”针对“纵向”而言，“纵向思维”主要依托逻辑，只是沿着一条固定的思路走下去，而平面则偏向多思路地进行思考。

二维思维能保证思维目的的明确性，要求思维必须单一定向地进行，所以在思维表现上，经常有思维惯性的出现。

一维是线　　　　二维是面

在生活与工作中，我们的思维究竟应该是怎样的呢？实际情况是，我们总是使用一维的思维方式，或者是一维半的思维方式来思考问题。

1.一维思维

一维思维也叫直线思维、惯性思维、线性外维，或是习惯反射。人们尽管早已认识到其不足甚至危害，但仍然经常使用这种思维方式。平时，我们常用一些贬义词来形容一维思维不足取，例如，“一门心思”“不撞南墙不回头”“一棵树上吊死”等，可是在实际生活中，许多情形总是不断重复出现。

2.二维思维

二维思维模式，就是我们常说的“全面看待问题”。其实，一个人要是能做到用二维的思维看问题，他至少说是一个看得开的人，是一个比较幸福的人。因为一件事情他能够从两个方面看待，则任何事情似乎都难不倒他。这就是为什么他能够幸福的原因。

对事件的认识不能简单地从一维来看待，不能只认识现在的事件，还要看到它好的一面或者坏的一面。

但是，二维模式就是我们的终点吗？我们只用停留在二维模式吗？我们提升的空间是有的。我们思考问题的方式可以是多元的，超出好与坏的界限，用一种更加艺术和自然的可以调节的自由化模式。

对我们的思维来说，怎么让它更加的艺术呢？这就要求这种思维不应该仅仅做生硬的好坏判断，而应该增加其他的思维角度，让整个思维变的不是那么的功利，不是那么的单调。当然，角度的选取没有限制，你可以选取三个，四个，甚至更多。

尝试换个地方打井

如果在一个地方打井，总是打不出水来，习惯纵向思考的人，会嫌自己不够努力，因而会变得更努力；而按平面思维法思考的人，则会想是不是选择的位置有问题，或者这个地方根本就没有水，或者是不是挖得还不够深，所以与其在这样一个地方蛮干，还不如到别的地方寻找更容易出水的地方打井。

相较于“纵向思维”的局限性，“平面思维”则不断探索其他可能性，所以更有创造力。

在现实生活中，“换个地方打井”能够带来哪些实效呢？

1. 找到更好的解决问题的方式

在美国纽约，有一个著名的植物园，每天有许多世界各地的游客前来参观。但是，这也给植物园的管理带来了一个问题：有一些游客经常趁管理人员不注意，将一些花卉偷走。后来，植物园更换了一个管理员。他没有采取任何新的措施，只是将公园的告示牌做了一点小小的改动，就完全杜绝了游客偷花的现象。

之前的告示牌上写着：“凡是偷盗花木的，罚款200美元。”现在他将告示牌改为：“凡检举偷盗花木者，赏金200美元。”

在这个故事中，管理员只是转换了一个思路，就极大地提升了管理的效果。所以，许多问题不是没有解决的办法，而是思路出了问题。

2. 增加自己在团队中的筹码

在别人不愿意，或是不肯努力的地方用些心思，容易让自己在这方面建立起优势。

管理大师彼得斯在出版《追求卓越》一书之前，曾担任麦肯锡顾问公司的顾问。他是一个非常睿智、却又特立独行的人，所以有段时间是公司的非主流派人物。后来，他改变主意，决定由外而内建立自己的信誉。他的做法是：经常到一些员工不太愿意去的地方，主动去了解情况，并和相关人员聊天。如此一来，他不仅获得了新的资讯，而且也树立起了自己的新形象与良好的声誉。

有了这样到外界去掌握第一手资料的意识，他就拥有了其他员工不具备的优势。此外，也使他多次研究所写作的书，更有新鲜感和权威性，更能够得到别人的承认。

3. 拓宽创造发明的思路

众所周知，维生素对人体是必不可少的，但鲜有人知道，最早维生素是从米糠中提取出来的。后来，科学家又从新鲜的白菜、萝卜、柠檬等植物中找到了其他的维生素。在一般人看来，米糠除了能做饲料还能做什么？白菜萝卜除了做菜还有什么价值？但它们的提取物偏偏可以用来改善生命质量，甚至挽救生命。这就是“换个地方打井”思维的结果。

4. 在竞争中建立自己的优势

当你执着于一个不出水的地方打井的时候，却不知甘甜清冽的泉水就在你的身后。有时，为探寻真正的人生甘泉，我们需要时刻准备，勇敢地换个地方“打井”。

如果你用心去观察那些成功者，就会发现他们几乎都有一个共同的特征：不论聪明才智高低与否，也不论他们从事哪种行业，担任何种职务，必要的时候，他们都善于“换个地方打井”，始终做自己最擅长的事，做最有价值的事。

旱路不通走水路

有道是“条条道路通罗马”，世间的路并不是只有一条，大路不通走小路，旱路不通走水路。能够突破习惯或传统束缚，拓展自己的思维面，从多个角度思考问题，才能走出一条与众不同的路，才能够打开局面。

在海边，有一间简陋的房子，里面住着一个退休的老人，在这里他终日享受着安静的生活。有三个孩子总是喜欢在附近玩耍，吵闹声让他有些心烦。有一天，老人再也无法忍受这些噪声，便走出门对这些孩子说：“看到你们玩得这样高兴，我真的很开心。这样吧，我每天给你们一元钱，你们每天都到这里来玩耍，怎么样?”

三个孩子高兴地答应了，然后，在老人家门外更加欢快地嬉笑打闹着。可是第二天，老人便一脸忧愁地告诉他们：“因为通货膨胀，我的收入锐减，以后，我只能给你们每人五毛钱啦。”

孩子们显得有些泄气，但依然答应了老人的条件，每天到老人的房子附近玩耍。又过了几天，老人叹着气告诉三个孩子：“真是很抱歉啊，最近没有收到养老金，每天只能给你们两毛钱了。”孩子们脸上欢快的神情顿时不见了，“两毛钱? 我们怎么会为了两毛钱就浪费自己宝贵的时间，在这里陪你玩耍，以后再也不来了!”一个孩子大声说道。

从此以后，老人又过上了安静的日子。

在这个故事中，老人没有直接告诉孩子们“我希望过上安静的生活”，而是提出了截然相反的要求，从而达到了自己的目的。如果直接告诉这些孩子“你们到别处去玩，我烦着呢”，非但很难达到预期的效果，而且还可能激起孩子们的逆反心理。这两种做法的差别在于，前者从正反两个角度考虑问题，而后者是一种惯性思维。

在许多情况下，面对问题时要学会正确地思考，此路不通，就换条路试试，只有选择更有效的办法解决问题，才能解决问题于无形。聪明人在行动之前，往往都习惯从不同的角度思考问题，然后从众多的方案中选择一个最优方案。

当思考在一个方向受阻时，要善于用平面思维看问题，不去一味地坚持、强求，而是马上改换新的方向，巧妙组合，从而找出新的突破。而所谓“新的方向”往往正是常规思维的“死角”，这些“死角”其实十分简单却又总是被大多数人忽视。常规思维往往表现出的是一种定式，往往只有一个思维角度、一个常规方向，就极大地阻碍了我们的视线，影响了我们的判断。

枯井中的驴：学会垒高自己

很多人都读过这个故事：

一头驴不小心掉到一口枯井里，它哀怜地叫喊求救，期待着主人把它救出去。驴的主人召集了许多亲朋好友，大家纷纷出谋划策，但是始终想不出搭救驴的办法，最后，大家达成一个共识：驴已经老了，即使费劲救上来，也干不了活，还不如把它埋了，顺便把这口枯井填平。

于是，人们拿起铲子开始填井。当第一铲泥土落到枯井中时，驴的叫声更加恐怖了——它显然明白了主人的意图。

又一铲泥土落到枯井中，驴出人意料地安静了。人们发现，此后每一铲泥土打在它背上的时候，驴都做一件令人惊奇的事情：它努力抖落掉背上的泥土，将泥土踩在脚下，把自己垫高一点。

人们不断地把泥土往枯井里铲，驴也就不停地抖落掉那些打在背上的泥土，使自己再升高一点。就这样，驴慢慢地升到枯井口，在人们惊奇的目光中，潇潇洒洒地走出枯井。

如果你现在就身处枯井之中，求救的哀鸣也许换来的只是埋葬你的泥土。可是驴教会了我们走出绝境的秘诀，就是拼命地抖落掉在背上的泥土，那么，本来埋葬你的泥土便可成为自救的台阶。动物尚且能够在绝境中“垒高”自己，摆脱困境，人在垒高了自己以后也会创造奇迹。

当你把自己垒高时，就还原了世界与人生的多维生存结构的真面目，就不会因为那幅被自己心理扭曲造成的虚幻现实所淹没。

所以，不管是解决问题，还是突破逆境，都要学会从正反两面看问题。许多时候，换个角度看，困难也是一块块的垫脚石，只要我们锲而不舍地将它们抖落掉，然后站上去，那么即使是掉落到最深的井，我们也能安然地脱困。

【思维练习】

车停在了几号位？

俄国大军事家苏沃洛夫非常善于突破平面思维，他曾给将士们出了一道看似很简单的测试题：在一块土地上种4棵树，要求每两棵树之间的距离都相等。将士们在纸上画了一个又一个图形，有正方形，有长方形，有梯形，有平行四边形……但让大家百思不得其解的是，这些图形都不行。

如果是你，你该如何作答呢？

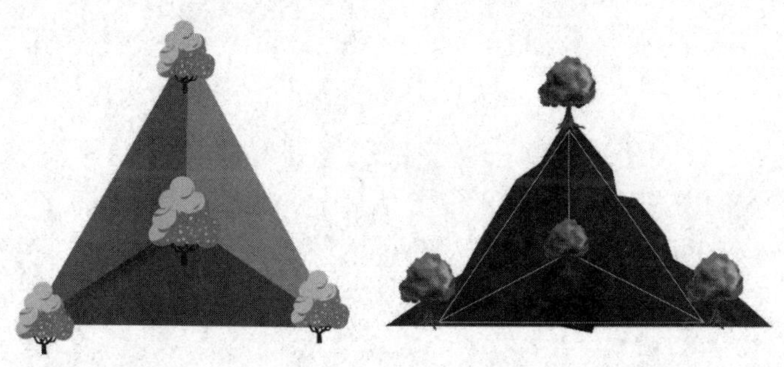

解答：

把其中一棵树种在山顶上，其余3棵树与山顶上的那棵树构成正四面体（等边锥体）即可。

第九章

纵横思维：在没有问题中找问题

纵向思维是一种符合事物发展方向和人类认知习惯的思维方式，它遵循由低到高、由浅到深、由始到终等线索，故清晰明了，合乎逻辑。相对而言，横向思维就像河流一样，遇到宽广处，很自然地就会蔓延开来，但欠缺的是深度不够。在实际生活与工作中，两种往往需要结合起来使用，以增加思维的深度与广度。

纵向思维：别只停留在表面

纵向思维是指在一种结构范围内，按照有顺序的、可预测的、程式化的方向进行的思维形式。它是一种符合事物发展方向和人类认识习惯的思维方式，遵循由低到高、由浅到深、由始到终等线索，因而清晰明了，合乎逻辑。即思考者是从信息的某个状况直接推演到另一个状况，就像盖房时，将砖头一块接一块地叠起来一样。

许多时候，问题没有得到解决往往是因为我们习惯浅尝辄止，没有深入去研究和思考。如果能够用纵向思维来思考，遇事多问几个“为什么”，自然而然会产生一些创意和方法。

平时爱迪生会对常人熟视无睹的问题提出无数个“为什么”。虽然，不是每一个“为什么”他都能找到答案，但是他已得出的答案却多得惊人。有一天，他在路上碰见一个朋友，看见他手指关节肿了，便问：“为什么会肿呢？”

“我不知道具体的原因是什么。”

“为什么你不知道呢？医生知道吗？”

“去过很多家医院，医生的说法不一，不过多数医生认为是痛风症。”

“什么是痛风症呢？”

“他们告诉我说是尿酸淤积在骨节里。”

“既然这样，医生为什么不帮你把它从骨节中取出尿酸呢？”

“医生不知道怎么取啊。”

“为什么会这样呢?”爱迪生非常生气地问道。

“医生说，因为尿酸是不能溶解的。”

“这话我不信。”爱迪生说。

回到实验室，爱迪生立刻着手进行相关的实验。他排好一列试管，每只试管内都灌入一些不同的化学溶液，每种溶液中都放入数颗尿酸结晶。两天后，他看见有两种液体中的尿酸结晶已经溶化了。于是，他有了新的发现，一种医治痛风症的新方法也因此问世了。

爱迪生这种凡事都爱问个“为什么”的纵向思维方式，为他以后的各种发明创造开辟了一片广阔的天地。

对那些寻常的事物，我们自认为很熟悉，想不起要问个“为什么”。殊不知，事物的真实本质和改变创新的机遇，往往就隐藏于对寻常事物再问一个“为什么”的后面。所以，不管遇到什么问题，都要多问几个“为什么”。当你恰到好处地利用纵向思维这把开启脑力的钥匙后，整个世界也就为你敞开了大门。

正如拿破仑•希尔所说：“由于我们的大脑限制了我们的手脚，所以，我们掌握不了出奇制胜的方法，往往会简单地放弃。”深入一步，就能够增加思维的深度，进行有效的突破。这就要求我们不轻易对问题的进展表示满足，多一些疑问，努力揭示出问题的本质，解决问题不仅能治标，还能治本。

横向思维：打破逻辑局限

所谓横向思维，就是指突破问题的结构范围，从其他领域的事物、事实中得到启示而产生新设想的思维方式。横向思维不一定遵循某种逻辑或顺序，且具有不可预测性。

这种思维由于改变了解决问题的一般思路，试图从其他方面、方向入手，其思维广度大大增加，有可能从其他领域中得到解决问题的启示，所以，横向思维经常在日常生活中起着重要的作用。

通常，横向思维具有如下几个特点：

1. 断裂性

与逻辑思维正好相反，横向思维讲究的是思维的断裂。例如，如果遵循某种逻辑思考问题时，必然要从事物本身开始，如同探案一样，必须从被害人的朋友亲戚中查找线索，而横向思维却可以从与目标事物完全不相关的问题入手。

断裂，意味着思维要从先前关注的事物上移开，转移到其他的问题上。例如，刑侦人员破案，可以不从被害人身上思考，而是突然跳到作案者身上。这个时候，思考者就要寻找满足一些条件的全部可能性，然后逐一排除法，直到找到比较靠谱的破案线索。

2. 拓展性

横向思维是以寻找更多更优的创意为宗旨，而不像逻辑思维，一旦发现一个好创意好想法就会立即停止思考，相反，它会将这个发现和创意暂时搁置，继续从另一个方向甚至更多方向去拓展，试图找到更多更好的方案，这种多点思考法在横向思维中就叫作前进式思考。

3. 逆反性

逆反意味着打破原来的顺序。我们不从起点出发，而是直接从终点返回；我们不考虑产品的质量好坏，而直接思考消费者最想要什么样的产品？我们也不考虑定位和广告，而是思考要怎么做，产品销量突飞猛进，几十倍上百倍的增长？

4. 偶然性

偶然具有不可预料性和突发性。这就是为什么我们在面对突发性事件时，常常会显得手足无措的原因。

在横向思维中，偶然性却是一个好东西，我们要关注偶然性，重视偶然性，并利用偶然性。因为偶然之中肯定藏着必然，而这个必然也许就是我们要找的创新目标。所以，在运用横向思维时，需要重视和利用偶然性，并将它拿来作为新的思考的触发点。

5. 交叉性

横向思维常常会运用断裂、偶然，然后与创新目标进行交叉。用某种逻辑思考问题时，我们希望所有人集中精力，解决问题。但横向思维却要求我们在思考某个问题的时候，还要交叉性思考一些不相关的事物。

从哲学的角度看，世间万事万物原都是相互联系的，一些看似不相干的事物，有时却可以互相影响。所以，我们在使用横向思维时，不妨跳出思维的惯性，这样才会有意外的收获。

透过表象看本质

纵向思维就是看穿事物本质的思维方法。它的思维过程是这样的：从事物的表层现象着手，纵深发展，在经过理性的剖析之后，发现存在于现象之后的深一层的事物的本质。

早在1894 年，俄国的科学家齐奥柯夫斯基就对未来航空事业和人类空间生存的发展作出了大胆的预测，他的预测是这样的：

制造带有翅膀和一般操纵机构的火箭式飞机，逐步改进飞机，使其翅膀缩小，牵引力和速度增加。可以驾驶新型飞机进入大气层，飞至大气层以外及滑行降落，建立大气层外的人类活动站。宇宙飞行员用太阳能来解决日常生活问题，包括呼吸、饮食等。

这并不是齐奥柯夫斯基具有什么未卜先知的特异功能，而恰恰是因为他优秀的纵向思维能力帮助他作出了如此具有远见卓识的预见。锻炼纵向思维，有助于养成“深入分析问题”“透过现象看本质”的良好的思维习惯。

无独有偶，福尔摩斯也是一位纵向思维高手，他通过一只手表，讲出了背后的许多真相，让人叹为观止。

有一次，华生给福尔摩斯出了一道难题，他拿出一只表对福尔摩斯说：“现在我这里有一只刚得到的表，你能不能从它上面看出它原来的主人，并说出他的性格和习惯呢?”他认为这道试题会难住福尔摩斯。福尔摩斯拿过表，仔细观察后说：“这只表是你哥哥的，是你父亲留给他的。”华生大吃一惊，就问他怎么知道的。福尔摩斯说：“按照习惯，凡是珠宝一类的东西，多是传给长子；长子又往往袭用父亲的名字。如果我记忆不错，你父亲已去世多年，所以我断定这只表是在你哥哥手里的。”华生吃惊得说不出话来。

福尔摩斯又说：“你哥哥是一个放荡不羁的人，生活潦倒，偶然境况好些，最后因为嗜酒而死。这都是我从表上看出来的。”

华生忙问：“为什么这么说？”

福尔摩斯说：“我说你哥哥行为不检点，请看这只表，不仅上面边缘有凹痕两处，整个表的上面还有无数的伤痕，这是因为习惯于把表放在有钱币、钥匙一类硬东西的口袋里的缘故。对一只价值五十多英镑的表这样不经心，说他生活不检点，总不算过分吧！”

“伦敦当铺的惯例是：每当进一只表，必定要用针尖把当票的号码刻在表的里面。用放大镜细看里面，发现了这类号码至少有四个。由此得出的结论是：你哥哥贫困潦倒。有时，他的境况会好一点，否则他也没有机会去当铺。最后请你注意，这有钥匙孔的里盖，钥匙孔旁边有上千个伤痕，这是由于被钥匙摩擦而造成的。清醒的人插钥匙，不是一插就进去吗？醉汉的表没有不留下这种痕迹的。因为他晚上上弦，醉后手腕发抖，所以才会留下这么多痕迹。”华生听后，十分佩服。

每个人都有纵向思考的能力，天才之所以是天才，是因为他们善于透过现象看本质。许多时候，表象错综复杂，容易误导人。天才则可以从纷乱的世界中抽取最重要的部分，也就是叫作本质的那部分，他们能够正确地运用自己的天赋良知，并且掌握正确的思维方法。否则，方法错了，思维的路径就会出错，在错误的方向上越努力，离问题的核心越远。

深度思考：扩大认识边界

深度思考，是一种纵向思维，说白了，就是进行有逻辑、有条理，且能够逐层深入的思考。

在实际生活中，影响深度思考的因素主要有三个，分别是：

1. 逻辑

可以说，逻辑比较差的人，是没法完成深度思考的。生活与工作中，我们比较常用的一个逻辑是：先定大方向，再定优先级。比如，自己开车出去玩的途中，汽车在高速公路上发生了故障，你是原地等待救援，还是想其他的办法？定完大方向之后，再决定先做什么，后做什么。比如你选择“等待救援”，那你就不要想着去自己着手解决问题，你首先要做的是，告知对方你的位置，以及发生了什么情况，并做好现场的故障提示。

2. 知识

知识是实现深入思考的一个必要因素，它是你用来思考的素材与原材料。如果你的逻辑能力比较强，但你对考古学知之甚少，这时让你和一个考古学家同时去思考一个有关盗墓的问题，你在知识上的欠缺很快就会显现出来，因此，你没有办法在这个问题上进行深度思考。

3. 经验

在有逻辑、有知识的前提下，加入经验，能够让思考变得更高效。在这个星球上，任何一个活着的人都没有死亡的经验，即便是那些从死亡线上走过一回的人，由于他们并没有真正地死亡，所以也不存在死亡的经验。

在思考死亡时，我们既有逻辑，也有各种流派和宗教的知识，但很难有一种说法真正具有说服力，这正是因为里面缺少了经验。但是，“有经验”本身也是一把双刃剑，它有时能让我们迅速地透过表象去思考本质，有时反而又会让我们故步自封。

比如一个做营销的团队，当他们有了一次成功的经验后，在做下一个项目时，就会思考前一次的做法，并且会融入相关的经验，借助这些经验，他们的思考就会更深入。而如果这个团队在成功了几次之后，迷信起自己的经验来，他们的思考就会被经验所制约，导致他们看不到市场与受众的变化，这就很容易引发下一次的失败。

总之，想要深度思考，你必须要有逻辑、有知识、有经验。

那如何在这三个方面提升自己呢？很简单：多读、多听、多看、多做。读什么？逻辑、哲学以及各个领域的经典书籍。听什么？听别人的演讲和报告。读和听，补的是逻辑和知识。看什么？看这个世界，以及世界上的新鲜事。做什么？做尝试、做梳理、做总结。看和做，可以增加你的经验。

【思维练习】

该选哪一种方案

员工搬进了新办公大楼不久，便开始抱怨：大楼的电梯不够快、不够多。尤其是在上下班高峰期，他们需要花很长时间等电梯。专家们想出了几个解决方案：

1. 在上下班高峰期，让一部分电梯只在奇数楼层停，另一部分只在偶数楼层停，从而减少那些为了上下一层楼而搭电梯的人。

2. 安装几部室外电梯。

3. 把公司各部门上下班的时间错开，从而避免高峰期拥挤的情况。

4. 在所有电梯旁边的墙面上安装镜子。

5. 搬回旧办公楼。

选每一种方法都可以解决问题，不过，哪种方法最好呢？

解答：

假如你选了1、2、3、5，那么你用的是“纵向思维”，也就是传统思维。假如选了4，你就是个“横向思维”者，你考虑问题时能跳出思维惯性。这家工厂最后采用了第4种方案，并成功地解决了问题。

原因是：员工们忙着在镜子前审阅自己，或是偷偷观察别人，人们的注意力不再集中于等待电梯上，焦虑的心情得到放松。大楼并不缺电梯，而是人们缺乏耐心。

第十章

类比思维：没有比较，就没有发现

有人问爱因斯坦："相对论到底是什么？"爱因斯坦回答："你坐在美女身边一小时，感觉就像一分钟，而夏天你在火炉旁坐上一分钟，感觉就像一小时，这就是相对论！"当我们遇到一个新问题时，不是立刻着手去想解决方案，可以先想想记忆当中哪些事物与这个问题的本质是一致的。

类比，很靠谱的思维

类比思维是根据两个具有相同或相似特征的事物间的对比，从某一事物的某些已知特征去推测另一事物的相应特征存在的思维活动。简单来说，就是通过甲具有的某种性质而推断出乙也具有这种性质，它是一种既便于运用，也利于创造性思考的思维方法。

使用类比，可以言简意赅地揭示深刻的道理，而且类比思维的价值也为世界上许多著名科学家、哲学家所颂扬，开普勒把类比喻为自己“最好的老师”。康德说：“每当理智缺乏可靠论证的思路时，类比这个方法往往能指引我们前进”。

埃隆·马斯克既是知名汽车公司特斯拉的首席执行官，太空探索技术公司的CEO兼CTO，而且还是太阳城公司董事会主席。有一次他参加一档节目，主持人向他提了一个问题：“你怎么做那么多事，事情与事情之间又没有多少关系，而且每件事还都能做那么大，你是如何做到的呢?”

埃隆·马斯克说：“我一直认为，存在着一种好的思维框架，那是物理学的东西，有点像第一性原理。将事情缩减至其根本实质，并从那里开始往下推论。这和类比推理正好相反。”

这段话比较出名。但是，一般我们都只注意到前面那个词“第一性原理”，很少有人注意到他提到的类比推理。埃隆·马斯克后面还有一小段解释，他说：“纵观我们的一生，我们都在做类比推理，这基本意味着复制别人对待微小变化的方式。”

人类的思维方式主要有三种：

第一种思维方式：演绎。比如，这筐水果都是腐烂的，因此可以说，里面的所有苹果都腐烂了。这即是从一般到特殊的推理。

第二种思维方式：归纳。如，已经看过这筐水果中的每一个，所有的都是坏的，所以这筐苹果是坏的。这是从特殊到一般的推理。

我们虽然比较熟悉这两种推理方式，但是平时很少会用到，我们平时使用频率较高的其实是第三种思维方式：类比思维。

如美国的莱特兄弟，看到天空中鸟儿的飞翔，由此而推测到类似鸟儿的机器也能飞翔，从而最终发明了第一架飞机。阿基米德运用类比法，从身体入水部分体积等于被溢出水的体积，推测到纯金冠溢出水的体积必等于同等质量的黄金体积，从而导致阿基米德定律的发现。

最典型的类比思维，就是我们常说的阴阳五行。世界上有五种基本物质，金木水火土；人的体内也有五脏，心肝脾肺肾；人脸上有五官，耳目鼻舌口；音乐有五音，宫商角徵羽；人有五情，喜怒悲恐思，等等。根据五行理论，这些都是能一一对应上的。在本质上，它们之间没有任何关系，但是我们却会进行相关的类比推理。

这是不是说类比推理不靠谱呢？当然不是，类比思维不仅靠谱，而且还是我们的一种重要思维方式。

有一家生产汽车配件企业的老板，一次，有人问他："每一种产品是怎么决策的?"他说："我们的实力有限，哪会决策什么产品，我就跟着国外的名企干。他们推出什么样的车型，我就跟着生产相关的配件。你是知道的，某公司为了推出一项新车型，需要投入大量的资本做市场调研，我们花不起这笔调研费，所以，我就跟在他们后面干，这样做准没错。"

不可否认，这位老板说的是实话。在我们的一生中，绝大部分时间都运用类比思维，在别人的事情上做跟进，或者是做改进。我们的成就也基本都是这样获得的。

类比推理：从特殊到特殊

类比推理是科学研究中较常使用的方法之一。类比推理是根据两个或两类对象有部分属性相同，从而推出它们的其他属性也相同的推理，简称类推、类比。它通常遵循的逻辑是：如果两个事物的某些属性相同，那么可以以此推断这两个事物的其他属性也相同。简单来说，类比推理就是从特殊到特殊的推理。

在类比推理中，对象可以是两个不同的个体，也可以是两个不同的对象类，还可以是一个对象类的个体与另一个对象类。推理的结果是或然性的。

类比推理是通过比较不同的事物对象之间的某些属性的相同或相似，从而推出另外的属性也相同或相似。它既不同于从一般到个别的演绎推理，也不同于从个别到一般的归纳推理，它是从个别到个别或者是从一般到一般的推理。

类比推理虽然是一种或然性推理，但它在认识事物对象和表达论证思想方面有着重要的作用。

1. 启发人的联想思维

类比推理是根据两个或两类事物对象具有某些相同或相似的属性，从而推知它们在另一属性上也相同或相似。这样，它就能启迪人们的思维，扩大视野，开拓认知边界。比如，有一位酿酒厂的经理在游玩的途中，看到山坡上长满红红的酸棘子，摘下几颗尝了尝，发现这种果实含有淀粉、酸里带甜，由此而联想到酿酒的原料具有这些性质，从而推想到酸棘子也有酿出酒的可能性。

2. 激发创造性思维

在科学研究和发明创造中，类比推理被广泛运用。例如，在自然科学中广泛应用的一种模拟方法，其思维过程就是类比推理的具体运用。所谓模拟方法，就是用模型去代替原型，通过模型间接地研究原型的规律。例如，为了研究新型飞机的性能，可以在实验室内构造一个小的模型先作模拟实验，在得到充分的科学资料以后，便可设计制造大的新型飞机。20世纪60年代初才正式命名的仿生学，就是利用模拟方法产生的结果。

科学家们经过对某些生物的结构和功能的系统研究，创造出了模拟它们的某种结构和功能的精密仪器。例如，根据蛙眼的结构和功能，模拟制造出了“电子蛙眼”；根据人脑的结构和功能，模拟制造出了“电脑”和“机器人”等，这些都运用了类比推理。

3. 提升表达的效果

类比推理不仅是人们认识事物对象的重要工具，也是人们表达思想、进行说明的良好方法。人们在表达思想或议论的过程中，为了解释某种事实或原理，往往找出另一种与之相似的并且已经得到解释的事实或原理，然后通过类比使某种事实或原理得到解释。

运用类比推理，不仅能提高人们的思维能力，而且也是人们认识事物对象、解决问题的有效方式之一。当然，在这个过程中，要全面深入地认识事物对象属性间的联系，分清哪些是必然联系，哪些是偶然联系，避免犯“机械类比”的逻辑错误。

洞察力来自类比思维

创新源于发现问题，发现问题需要洞察力，而洞察力则来自类比思维。类比思维是个好东西，但它从来不是无根之木，它是一个人用对事物的认知将自己推到接近某种瓶颈的高度时，突破既定思维的桎梏，向其他任意方向再度升华的过程。没有对事物的洞察和深入认知，一切的类比都是空想，就好比天马行空，那也得是看过马和天空的人才能想象。

机电系统依赖于机、电、磁、液、热以及化学元素的相互作用。这是一个真正的多学科问题，机电系统的设计人员来自不同的专业，这时，物理系统的类比就会为设计团队带来不少便利。

以一辆摩托车的排气系统和它的热屏蔽装置为例，一定要通过设计来制定温度，从而保证性能以及驾驶员的安全。把这样一个系统看作是热阻和热容网络，类比成电路来进行建模，是非常高效的设计方法。这样做，可以让工程师实现热流和热能存储的可视化，通过选择材料和几种参数，以及改变网络热阻和热容来设置关键温度，这种性能的提升性是基于对系统的理解，而不是通过试错犯错得到的。

可见，在机电设计领域，类比思维可以提升设计人员的洞察力。在其他方面，如商业领导，类比思维同样也可以帮助你洞察事物的本质。

小米公司的联合创始人，小米生态链负责人刘德说：“小米是

‘遥控器电商’。”为什么这说呢？因为小米生产销售的智能家居设备较多，如电视机、路由器、电饭煲、扫地机器人、空气净化器，等等，所有这些设备都可以用一个App来控制。这个App就相当于所有小米家居产品的遥控器，于是这个遥控器就变成了一个非常大的入口。

这其中，重要的不是小米做了什么，而是“遥控器电商”这种提法。别人需要长篇累牍才能讲明白的概念，小米用五个字就讲清楚了。再比如，与之有异曲同工的还有“小米生态链”。

“小米生态链”是指一批企业、产品，都围绕在小米的资本、流量周围，共享设计理念、定价策略和销售渠道。那么生态链上的这些企业和小米是什么关系呢？是合作还是投资呢？

刘德说：“不只是合作，也不仅是投资，传统的合作和投资，和现在小米生态链的区别相当于火车和动车组的差别。”这里，他运用了类比思维。我们经常说：“火车跑得快，全靠车头带。”整列火车的动力是来自于车头，但动车组就不一样了，每节车厢都有自己的动力。不论是10节车厢还是30节车厢，连在一起后，速度不会下降。而火车就不一样了，一个火车头带10节车厢和带300节车厢，速度自然是不同的。

小米投资的生态链企业，虽然都接受了小米的投资，但是却掌握了少部分股权。就相当于一个动车，100家公司，就是100节动车，绑在一起往前跑，速度就会非常快。这里，“动车组”就是一个很棒的比喻！通过这个类比，我们马上就明白了小米生态链的逻辑。

当然，上面我们所举的例子，不是在谈表达能力，也不是在讲口才，而是在谈洞察力。只有对事情本质有了深刻理解，才会联系到一系列大家熟悉的事物，做出精妙的类比，四两拨千斤地讲清楚事物背后的逻辑。那什么是洞察？一句话，在一件事情上，你如果能做出精妙的比喻，那就是有洞察力的表现。

触类旁通：变熟悉为陌生

19世纪20年代，英国要在泰晤士河下修建一条地下隧道。如果采用传统的“支护开掘法”，会遇到不少困难，因为那个地段土质疏松，且岩层极易渗水，存在塌方的风险。那该怎么办？负责这一工程的布鲁内尔为此大伤脑筋。

就在他为此不知所措时，他看见一只小虫正在用尽全力往坚硬的橡树皮里钻。布鲁内尔发现：原来小虫子是在其硬壳的保护下“工作”的。于是，布鲁内尔想：河下隧道的施工可不可以采取相类似的办法呢？

后来，他采用小虫的掘进技术：先把一个空心钢柱打进岩层，然后在这个保护罩下进行工作，结果取得 了非常理想的效果。“构盾施工法”由此便诞生了。

在这次创新中，是什么启发了布鲁内尔呢？答案是那个“壳”。这里运用的就是“类比思维”的技巧。通过思维，“构盾”代表了“支护”，做出了创新的构想。也就是说，启发原型的形象或其一部分，进入了思考者的脑海，它与思考对象之间的相似之处跳入思考者的思绪之间，打开了其百思不得其解的思路，使思考者进入了柳暗花明的境地。

美国著名地质学家吉尔伯特·埃利斯·贝利曾指出：“各种假说总是通过类比产生。因此，面对自然界错综复杂、包罗万象的种种关系，谁了解的最多，谁就最会用类比的方式提出假说。”

卫星是人类创造的“天眼”和“天耳”，人类不满足于只把自己的眼睛和耳朵延伸到天上，还梦想着坐在卫星上，用自己的双腿行走太空，最终发明、应用了载人空间站，把自己的“房子”也建到了太空中。空间站寄托了人类在太空安家的美妙幻想。载人空间站就是由卫星类比产生的幻想结果。

成语“触类旁通”很形象地道出了创新思维中通过“触类”，可以得到“旁通”之效的妙趣。触类的重大意义在目前的创新思维中尚未得到深入研究和重视。其实，深入探讨这一问题，对发展创新思维，有着不可估量的重要性。

用类比思维创新，就是用已有的经验和知识进行类比，从而产生幻想，推动新事物的产生。也就是说，运用类比思维，就是在新、旧信息间找相似和相异的地方，即异中求同或同中求异，在类比中联想，在联想中升华，既有模仿又有创新。

【思维练习】

华罗庚的下联

有一次，我国科学家代表团前去参加世界大会。当时，飞机上坐着华罗庚、钱三强、赵九章等老一辈科学家。有一位前去参加大会的历史学家即兴给数学家华罗庚出了一幅上联“三强，赵韩魏”。这幅上联，既嵌含着物理学家钱三强的名字，又涉及中国古代战国时期的一段历史，符合出联者身份。华罗庚稍加思索，很快就对出了下联。

如果是你，你会怎么对下联呢？

解答：

下联内容："九章，勾股玄。"

此下联运用了类比，嵌入了空间物理学家赵九章的名字，用"勾股玄"这个数学概念，表明了对联者的身份。

第十一章

辩证思维：真理就在谬误的隔壁

把弯路走直的人是聪明的，因为他找到了捷径；把直路走弯的人是豁达的，因为他多看了几道风景。走好选择的路，而不是选择好走的路。从辩证法的角度看，没有哪一条路是容易走的，选择没有对与错，也没有好与坏，关键是要有辩证思维方式，这样才能看到一个立体的世界。

否定之否定规律

一方面，辩证思维具有两面性。日常生活中的许多问题，我们不可以用“非黑即白”的思维做简单的判断，而是要能看到其中的利与弊。

另一方面，它还具有动态性，即事物的内在矛盾是在不断发生变化的，我们要用发展的眼光去看待事物。从辩证思维的动态性特征中，我们就可以总结出一种思维方法，叫作“否定之否定规律”。如果用这个规律来看待、解决生活与工作中的问题，可以分这么几步进行：

首先，提出一个观点；

其次，否定这个观点；

再次，否定第二步。也就是说，阐述第二步的逻辑不成立，最终还是肯定之前提出的观点。

举一个简单的例子：白猫非猫。白猫本身是猫，但为什么又不是猫了呢？因为白猫是猫，这是没有什么疑问的，但白猫是白色的猫，而不是红猫、黑色的猫，也就是白色是它区别于其他猫的一个特征，从这个特征上讲，白猫确实又不是一般的猫了，故有“白猫非猫”的说法。

从这个小例子可以得出，辩证思维其实是告诉我们：不能一味从一个角度看问题，而要多角度思考，这样才能找出它和其他事物的相同之处与不同之处，并归纳出各自的特点。

下面，我们再以共享单车的例子来加以说明使用“否定之否定规律”应遵循的思路：

第一步——肯定：共享单车确实为人们的出行提供了方便，解决了“最后一公里”问题。

第二步——否定：共享单车的质量存在隐患，另外，还存在乱扣费、乱停车的现象，不利于市容市貌及交通安全的维护。

第三步——否定之否定：需要采取一些措施来改善共享单车的管理现状，不能因为共享单车存在某些问题，就对它进行全盘的否定。

对此我们一个简单的分析：先是给出肯定的观点，强调共享单车好，要大力提倡；接着，提出反对意见，说明共享单车存在的问题要尽快制止。之所以会出现两种截然不同的声音，是因为矛盾发生了变化。这是“否定之否定规律”的精髓。

在一些大中城市，共享单车刚推行时，大家都对它寄予厚望，因为它解决了人们的出行问题。但随着大量共享单车投放市场，一些新的问题也跟着出现了。比如，人们希望骑质量好、且安全的单车，不希望被乱扣费。于是，有人开始对共享单车提出质疑。但是，矛盾是在不断发展变化的，新的矛盾必然会带来新的问题，不能因此对共享单车全盘否定，关键是需要抓住矛盾的本质，并提出有效的解决办法。

一旦我们能够针对共享单车存在的问题采取一些措施，如完善相应的信用管理体系，或是加强停车管理等，那我们对共享单车的认识就上了一个台阶。其实，这也是我们认识客观世界的一般规律，也就是在肯定、否定、否定之否定的过程中，不断加深对事物的认识。随着矛盾的改变，这种认识其实是“螺旋式上升”的过程，没有边界。

从上面的例子不难看出，事物的辩证发展过程经过第一次否定，处于否定阶段的事物仍然具有片面性，还要经过再次否定，即否定之否定，实现对立面的统一，使矛盾得到解决。

重要的不是知道，而是判断

在现实生活中，许多事情不只存在一个正确答案。如果用辩证思维去思考，往往会看到问题的不同维度，会得到许多不同的见解，而不致使视角产生偏差。所以，在看待问题方面，重要的不是你知道的事实，而是你判断事实的能力：思考难题并且找出解决方案的能力，比你知道某些特定的知识更重要。

苏格拉底相貌丑陋，不修边幅，整日在市场上闲逛。古希腊的市场上不仅卖物品，也卖思想。经常有人站在市场中面对观众发表演讲。

有一天，苏格拉底遇到一位年轻人，正在宣讲美德。苏格拉底装着无知的模样，向年轻人请教说："请问，什么是美德呢？"那位年轻人不屑地回答说："这么简单的问题你都不知道？告诉你吧，不偷盗、不欺骗之类的品行都是美德。"

苏格拉底仍然装作不解地问："不偷盗就是美德吗？"年轻人肯定地回答道："那当然啦，偷盗肯定是一种恶德。"

苏格拉底不紧不慢地说："我记得在军队当士兵的时候，有一次接到一位指挥官的命令，让我深夜潜入敌人的营地，把他们的兵力部署图偷出来，请问我这种行为是美德还是恶德呢？"

年轻人犹豫了一下，辩解道："偷盗敌人的东西当然是美德。我刚才说不偷盗，是指不偷盗朋友的东西。偷盗朋友的东西肯定是恶德。

苏格拉底依然不紧不慢地说：“还有一次，我的一位好朋友遭到天灾人祸的双重打击，他对生活绝望了，于是买来一把尖刀放在枕头底下，准备夜深人静的时候用它结束自己的生命。我得知了这个消息，便在傍晚时分偷偷地溜进了他的卧室，把那把尖刀偷了出来，使他免于一死。请问我这种行为究竟是美德还是恶德呢？”

那位年轻人终于惶惶然承认自己无知，拱手向苏格拉底请教“什么是美德”。

在这个故事中，面对年轻人的反驳，苏格拉底运用了辩证思维。在逻辑思维中，事物一般是“非此即彼”“非真即假”，而在辩证思维中，同一时间事物可以“亦此亦彼”“亦真亦假”，这不影响我们的思维过程。

在生活中找不到两片完全相同的树叶，所以，也没有绝对的错与对。所有的判断都是基于某种参照物的，参照物变化了，结论也会跟着改变。这使得事物本身存在着矛盾。用辩证思维看待问题，就是用变化的、发展的眼光去分析事物矛盾背后的本质，这也是在做重要决定，或是解决难题时常用的一种思维。

凡事有两面，你看哪面

凡事没有绝对，都是有两面性的。如果我们只看到事物坏的一面，却看不到好的一面，必然会使我们陷入消极。换个角度看问题。有时需要离开常走的大道，潜入森林，你就肯定会发现前所未见的东西。

有一位老太太，不管是晴天，还是雨天，她都非常不开心。有一次，她找到一位禅师说："我每一天都很忧愁，禅师能否帮帮我？"禅师问其原因，老婆婆说："我有两个女儿，大女儿嫁给卖伞的，小女儿嫁给卖帽子的。如果是晴天，我就担心大女儿家没生意。如果是雨天，我就担心小女儿家没生意，因此，每一天都很忧愁。"

禅师笑笑："呵呵，其实你应该每天都很开心呀。如果是晴天，小女儿家生意好。如果是雨天，大女儿家生意好。这样来看，天天是好天。"

我们总是墨守成规，用过去的思路来思考问题，慢慢形成越来越多的成见。当成见积累到一定的程度，我们就开始钻牛角尖自寻烦恼。有时候，我们应该提醒自己：换一个角度看看，或许，心灵也会获得一种自由。

在现实生活中，该如何从正反两个角度，或众多角度看问题呢？

1.观察事情的侧面

任何一个事物都有不同的侧面，如果从不同的角度去观察它，就会看到它呈现出的不同形象。例如，我们走在大街上，看到前面一个身材非常好的姑娘，一头靓丽的长发瀑布般飘泻下来，春风轻拂，丝丝缕缕的秀发弥散过来阵阵清香，引起我们极大的好奇，心想，前面这位准是一位绝色佳人。当我们急赶几步超过她去，回头一看，会让我们略微感到失望：原来姑娘没有自己想象的那么漂亮。其实人与物是相同的，很多事物也是如此。

2.寻找事物间的联系

世上的万事万物都不是孤立存在的，它们都是矛盾世界的一部分，都与周围的其他事物产生着千丝万缕的联系，研究甲事物，可能从它周围的乙事物中找到切入点。

3.采取非常规的角度

事物的发展趋势一般都存在很多可能性。一般人观察和思考事物，大都会着眼事物发展趋势的比较明显的特征，因为它容易被看出来。我们管它叫常规角度。对于很难注意和捕捉的事物发展趋势的不明显的可能性，就要采取非常规的角度来观察和认识了。这方面的例子比较多，只要我们稍微回想一下自己所经历的事，便会明白这一点。

【思维练习】

强盗的难题

有一群强盗抢劫了一个商人，并将他捆在树上准备杀掉。为了戏弄这个商人，强盗头子对他说：“你说我会不会杀掉你，如果说对了，我就放了你，决不反悔！如果说错了，我就杀掉你。”

聪明的商人仔细一想，便说了一句话。强盗头子听后，表现有些呆：“哎呀，我怎么办呢？如果我把你杀了，你就是说对了，那应该放你；如果把你放了，你就说错了，应该杀掉才是。”

在这个故事中，商人说了一句什么话？

解答：

商人说：“你会杀掉我的。”

这样，无论强盗怎么做，都必定与许诺相矛盾。如果不是这样，如果他说：“你会放了我的。”这样，强盗就可以说：“不会！我会杀掉你的，你说错了，应该杀掉。”商人就难逃一死了。

第十二章

质疑思维：不要以为名人就是高人

质疑是人们的天性，是孕育探索未知世界的摇篮。大千世界纷繁复杂，大到天文宇宙，小到粒子微观，新的问题、新的方法、新的观点和新的流派层出不穷，但是人的生活空间却是有限或单一的。二者的巨大反差造成了人类认知世界的大片盲区，人们对某些问题的怀疑实属正常现象，人类社会的文明正是在不断质疑——求知——获解的过程中积淀起来的。

丢失的马蹄金：思维从疑问开始

疑是思维的火花，因为思维总是从发现问题开始，以解决问题而告终。孟子所谓“尽信书不如无书”，也就是教我们要有一点怀疑的精神，不要随便盲从或迷信。

质疑思维，是指创新主题在原有事物的条件下，通过一些提问，综合应用多种思维改变原有物质条件而产生的新事物、新方法、新观念的思维。

在冯梦龙所著《智囊全集》中有这样一个故事：

有一个农夫耕田时挖到一瓮马蹄形黄金，送到县衙去，县官担心公库防护不严，就放到自己家里。隔夜打开检验，发现都是土块。瓮金出土时，乡里人都曾去见证。县官无法辩白，只有承认将黄金调包的罪名。

就在案子快要判定的时候，事情传到了一个叫袁滋的官员耳里。袁滋说：“我怀疑这案子里有冤情。”州府长官就让他重新调查。他点验出瓮中马蹄金共二百五十多块。请金铺铸造同样形状和大小的马蹄金，才造出一半数目，总重就达三百斤了。又了解到当初是两个农夫用竹担抬着瓮到县府的。算一下，如果这二百五十多块是真金，就不是两个人抬得动的。这说明在运送的过程中，金子就被换成土块了。至此，县官洗清冤屈。

在这个案例中，袁滋先是提出质疑，认为这个案子有冤情，他的逻辑很可能是：县官的作案手法能如此低劣吗？如果黄金真的被调包，问题只能出在三个方面：出土、运输、保管，为什么一定认为是保管环节出了问题呢？这么多黄金，两个人能抬得了吗？在质疑的基础上，然后进行实证。

质疑思维有三个关键词：不断质疑、多元意见和理性判断。这与朱熹曾提出的一个思考问题公式“无疑—有疑—解疑”有几分雷同。

1. 不断质疑

要有较强的质疑意识，不管是对别人的观点，还是自己的观点，都要敢于提出疑问。要认识和承认自己的局限性，对复杂的问题有好奇心和耐心。当然，不能为了质疑而质疑，更不能陷入怀疑主义，什么都不相信了。质疑的目的，是为了更好的相信。

2. 多元意见

通过质疑，要发现问题的复杂性。如果大家的观点不同，要能持一种开放的心态，平等地对待不同的观点。如果自己的观点与别人的观点对立，也要表示出对对方观点的兴趣，而不只是想着要怎么说服别人。

3. 理性判断

理性，就是不被感情操纵，能经过深思熟虑，有理有据，做出明智的判断。在理性判断的基础上，再进行客观、准确的决策。

亚里士多德说：“思维从疑问和惊奇开始。不质疑连正常思维都没有！”富于质疑的人极富自信心，并通过自己的智力思维时常让自信心得到升华。

谢皮罗现象：创新从怀疑开始

苏格拉底说："问题是接生婆，它能帮助新思想的诞生。"怀疑是创新的开始，疑问是质疑思维的关键。用好质疑思维，能培养我们的创新精神，提升我们的创新力。

有一次，美国科学家谢皮罗在洗澡时发现一个有趣的问题：每次放掉洗澡盆的水时，水的漩涡总是向左旋转，也就是逆时针方向旋转。这是为什么呢？谢皮罗教授百思不得其解。

他紧紧抓住这个问题不放，为了弄清这一现象背后潜藏着的科学奥秘，他设计了一个底部有漏孔的碟形容器，先用塞子堵上，往容器中灌满水，然后重复演示这一水流现象。

在实验中，他注意到，每当拔掉碟底的塞子时，容器中的水总是形成逆时针旋转的漩涡。这证明：放洗澡水时，漩涡朝左旋转并非偶然现象，而是一种有规律的自然现象。

经过长期不懈的实验探索，谢皮罗教授终于揭开了水流漩涡左旋的秘密。他发表论文指出：水流的漩涡方向是一种物理现象，与地球自转有关，如果地球停止自转的话，拔掉澡盆的塞子，水流不会产生漩涡，由于人类生存的地球不停地自西向东旋转，而美国处于北半球，地球自转产生的方向力使得该地的洗澡水朝逆时针方向旋转。

谢皮罗还指出：北半球的台风都是逆时针方向旋转的，其原因与洗澡水的漩涡方向一样。他由此推断：如果在地球的南半球，情况则恰好相反，洗澡水将按顺时针方向形成漩涡，而在地球赤道则不会形成漩涡。

谢皮罗的论文发表后，引起各国科学家的极大兴趣，他们纷纷在各地进行实验，结果证实：谢皮罗教授的结论完全正确！

谢皮罗之所以能够从人们习以为常的现象中发现新的问题，源于他的质疑思维。对一般人来说，放掉洗澡盆中的水时，水会产生漩涡，这是一个很正常的现象，但是谢皮罗却在思考这种现象背后的规律。他从质疑开始，对这种现象进行深入探索．并由此联想到地球的自转现象、台风的旋转方向，通过实验作出了合乎逻辑的推理和论证，揭开了现象背后的奥秘。

谢皮罗教授从人们司空见惯的现象中发现其隐藏的科学奥秘的实例告诉人们，要取得创新成功首先就要敢于质疑。

西方哲学家狄德罗曾经说过：“怀疑是走向哲学的第一步。”其实，不但学哲学是这样，学习所有的知识也都是这样。如果不善于对所学、所见、所听提出疑问，那么，我们就很难有独立的思考。

伽利略的“叫板”：别把权威当神

真理有其绝对性，又有其相对性。同样的道理，名人、专家、权威、学者的观点也并非没有可推敲之处。如果缺少质疑精神与思维，对所谓的专家、学者、权威听之任之，对一些本该批判和质疑的现象熟视无睹，那么你遇到的似是而非的事情会越来越多。

亚里士多德是古代欧洲一位极富威望的著名科学家。他曾经有一个非常著名的论断：物体的下落速度与它们的质量成正比，越重的物体下落速度越快。一个10磅重的铁球与一个1磅重的铁球，从同样的高度落下，10磅的铁球会先着地，而且速度比1磅的铁球快10倍。对此，他还举了一个例子：铁球的落地速度总是比鸟类羽毛快，秋天的落叶总是缓缓飘落，而成熟的苹果却是迅速落地的。

因为亚里士多德是当时的“绝对权威”，所以此后的两千多年，竟没有人对他的这种论断提出质疑，都相信他说的是“真理”。直到有一天，一个勇敢的年轻人对此产生了疑问，这人就是伟大的伽利略。他在想：如果把100磅的球和1磅的球连在一起，让他们从高处落下，结果会如何呢？

于是，伽利略就在比萨斜塔是上做了那个著名的自由落体实验，实验证明：轻重不同的物体，在相同的条件下，会同时落地。

如果按照亚里士多德的说法，肯定会得到两个相反的结论：鸟类羽毛由于体积相对较大，下落过程中其单位重量所受到的空气阻力远远超过了铁球和苹果，因而出现了铁球落地快、鸟类羽毛落地慢，苹果落地快、树叶落地慢的现象。但这并没有影响到伽利略自由落体定律的正确性。

正是敢于质疑，伽利略才成为推翻亚里士多德“权威论断”的第一人，同时也成为物理学中自由落体定律的发现者。也正是著名的比萨斜塔实验，使伽利略一举成为物理学发展史上一位耀眼的明星。

巴甫洛夫说：“质疑思维，是创新的前提，是探索的动力。”在现实生活中，面对一些事情，当我们产生怀疑、疑惑、不解时，该如何提出自己的质疑呢？通常有这么几种质疑方式：

1. 澄清式质疑

这种提问的目的在于进一步阐述和解释，直到双方对所指向的问题有清晰的认知。例如，“刚才提到的×××，你是说××吗？能否就××做进一步的解释？”

2. 穿透式质疑

听上去，这种质疑似乎更有力度，更能让回答者感受到力量。所以，这种提问的目的很清晰，就是要让对方更深刻或从更宽泛的视角思考问题。例如，老板在总结一些经营问题时，会针对特定的情况和下属说：“为什么会发生这种情况呢？”或者说“为什么要做这样的安排”，等等。

3. 新颖性质疑

这种提问的作用在于，通过一些看似愚蠢的问题来挑战当前某件事或者某个模式的基本假设。常见的句式有：“为什么一定是那样？你描述的×××是什么意思？”“这个挺有意思，你自己做过这样的尝试吗？”

4. 反思性质疑

这种提问通过鼓励对方关注细节，引发更多思考。比如，你向顾客销售某个产品，就要想，什么问题才是对方最关心或是关注的，那么在问他的时候可以说："对您来说，××问题不是您最为关注的吗？如果您非常介意的话，你为什么不考虑这个产品呢？"

5. 分析性质疑

这种提问的关键词是"为什么"，它是一种开放性的提问。就是通过持续递进的为什么的发问，让大家对事情的关注不断向纵深推进。

例如，你可以先问："为什么会发生这样的事？"

对方回答："通过对一些问题分析，我认为之所以会发生×××，是因为……"

你再问："为什么你觉得这几点会导致这样的事情发生？"

对方回答："因为……"

6. 拓展性质疑

这种提问的目的在于，希望给当事人拓展或者开辟出新的思路和观点，并提示进行新的探索。比如，"就刚才提到的×××，您是否想过用××来处理？正好我们手头有些资源，是否有助于这个问题的解决？"

质疑的目的，在于深入探究问题的真正原因。许多时候，提出质疑并不困难，难的是，要问到点子上，要知道在哪种场景下该使用哪一种类型的提问质疑。

学问，就是学会提问题

有一位知名教育家说过：“什么叫学问？学问就是怎么学习问问题，而不是学习答问题。如果教会一个学生去问问题，去怎样掌握知识，就等于给了他一把钥匙，他用这把钥匙可以打开各式各样的大门。”

面对困难，我们首先要怀疑，这样才能够提出问题，在提出问题的基础上，才能够解决问题，才能够发现新的观念。正是从这个意义上，我们会说提出一个问题，比解决这个问题本身意义还重大。

纵观世界历史，每一位名人的成功似乎都留下了质疑——探索——灵感——成功的足迹。

一次，日本指挥家小泽征尔去欧洲参加指挥大赛，决赛时被安排在最后一个出场。当他接过评委交给的乐谱全神贯注指挥乐队的时候，突出发现乐曲中出现了一点不和谐。他开始以为是演奏错了，要求乐队重奏一遍，结果仍然如此。他感到一定是乐谱出了问题，可在场的资深作曲家和评委一致确认，乐谱没有问题。

面对几百名国际音乐界权威，小泽征尔坚信自己的判断力，他放下指挥棒，转过身来，大声地对评委质疑，坚定地说：“不，一定是乐谱错了！”

他的话音刚落，评委席上全体评委立即站立起来，向他报以热烈的掌声，祝贺他大赛夺冠。原来这是评委们精心设计的一个“圈套”，以考查他质疑能力和坚持真理的能力。

在这个故事中，为什么评委起立为小泽征尔鼓掌？不是因为他的演奏有多么精彩，而是因为他发现了评委们预埋的“问题”，相比之下，这更能征服评委的心。

在传统的观念中，我们更提倡解决问题而不是提问，所以大多数人认为善于回答问题比那些经常提问的人要好。不仅如此，有时候我们还会刻意压制质疑思维，担心提出太多的问题或是提一些“低级”“另类”的问题会引起他人的侧目。

其实，善于提问的人通常是那些可以跳出框架来查看问题，找到被忽略的新观点并找到解决问题的可行解决方案的人。这样的人，往往勤于思考，不轻率地做出决定，不盲目地服从他人的意见，不受合理或无理的言论影响。

所以，要想全面理解事物间的差异，克服对一些观念的偏见，更理性地生活与工作，就一定要学会培养、提升自己的质疑思维，学会从不同角度深度思考问题。

【思维练习】

到底谁在说谎

从前，有一个年轻人要出远门，出门前，他把100两银子寄存在一个老人那里。年轻人回来后，向老人要这笔钱。不曾想，老人翻脸不认账，硬说没有拿过他的钱。于是，年轻人就到县官那里告状。

县官把老人叫来，问他：“你究竟拿过钱没有？”

老人连哭带闹，矢口否认。

县官又问年轻人：“你有没有证人？”

年轻人回答说："没有。"

县官又问："你在哪里把钱交给这个老人的呢？"

年轻人回答："在一棵大树底下。"

县官说："你现在就到大树那儿去，就说我传它到案问话。"

年轻人发愁地问："我怎么对那棵树说呢？"

"把我的大印带去，吓唬吓唬它。"

年轻人只好带着大印朝大树走去了。这时候，那个老人在法庭上暗暗地发笑。

过了半个时辰，县官看了看太阳，问老人："怎么样，他走到大树跟前了吗？"

老人回答说："还到不了。"

又过了一个时辰，法官又问；"年轻人现在该往回走了吧？"

老人说："该往回走了。"

过了一会，年轻人回来了。他愁眉苦脸地说："老爷，大树不跟我来呀！"

县官笑道："诚实的年轻人，现在我可以判决了。你不要着急，这个不诚实的老人一定要赔钱给你的。"

请问：县官根据什么认为老人说了谎，并判决他还钱？

解答：

县官是用质疑思维来理案的。他做了如下推论：年轻人说在一棵大树下把钱交给老人。如果这话有假，那么，这个老人就根本不知道这棵大树在什么地方。这样，当他问老人"怎么样，他走到大树跟前了吗"等两个问题时，老人应该回答说"不知道"。但是，这个老人非常清楚这棵树在哪里，所以说年轻人的话不假。因此，可以断定这个老人在说谎。

第十三章

U 型思维：最短的路未必是直线

中国有句古话，叫“退一步海阔天空”，体现的就是 U 型思维。表面上看，说的是要退，但其本意却是以退为进。从心理学角度出发，U 型思维讲究的是因势利导，即，欲取之，先予之，让思维和行动来个 180° 的大转弯。

不走直线走曲线

有一位心理学家曾做过这样的实验：将鸡和狗放在铁丝网的左侧，紧挨着铁丝网的右侧放有食饵，看鸡和狗究竟会做出什么样的动作。

实验开始后，出现了两个有趣的场面：首先是鸡，它径直向食饵方向冲去，结果被铁丝网拦住，吃不到铁丝网后面的食饵，于是它在铁丝网前瞎转悠。

狗的情况如何呢？它先是一动不动地注视着食饵，然后环视铁丝网，以及旁边的墙壁，接着急促地往一边走，绕过铁线网后，把对面的食饵吃掉。

在上面的实验中，鸡运用的是直线思维，而狗运用的是U型思维。事实上，我们在思考解决某一问题的答案时，也会做出与动物寻食饵极其相似的行为。有时像鸡那样，思维直接扑向目标，有时则像狗那样，通过让思维转弯来达成目标。

那什么是U型思维呢？

简单来说，U型思维就是避直就曲，让思路拐个弯的一种思维方式。在解决实际问题当中，思路又该如何拐弯呢？借助“第三者”的介入进行过渡思考，便是常用的拐弯技巧。

在解决问题的过程中，直线思维是一种效率比较高、且省时省力的思维方式。但是，许多问题的求解靠直线思维是难以实现的，这时采用U型思维去思考，往往能使问题迎刃而解。

比如，有些话不能直言，得拐弯抹角地去讲；有些人不易接近，就少不了逢山开道、遇水搭桥；搞不清对方葫芦里卖什么药，就要投石问路、摸清底细；有时候为了使对方减轻敌意，便需要绕弯子，甚至用“环顾左右而言他”的迂回战术。这都是U型思维的体现。生活中不少人是“直肠子”“一根筋”，为人处世“不撞南墙不回头”，这样的人最不善于U型思维。

一个最简单的U型过程分三步，左边是观察，右边是行动，中间则是静修与反思。

有一家公司新购置了一批计算机及相关设备，有人提议应在机房安置一些空调机，但是，领导却不肯批准，认为不是每天都需要在机房办公，所以没有必要再购置一些空调。虽然有人据理力争，但仍不能改变领导的决定。

有一次，公司组团到外地旅游，在一个文物展览会上，一位主管故意引导领导去看一些有破损的文物，领导便问解说员这是怎么回事。解说员解释说：“这是由于上面给的经费不足，没有办法为文物创造一种适合它们的环境导致的。如果有一定的制冷保温设备，这些文物可以保存得更完善。”

领导听后，不禁感慨。此时，站在一旁的那位主管借机对领导说：“领导，机房里装空调也是这个道理啊！”

领导沉思片刻，然后说：“回去打好报告给我。”

可见，在平时生活中，遇到沟通无力时，不必正面强行突破。这时，最好试一试U型思维。

最短的未必是最快的

两点之间，直线的距离最短。这个常识甚至连狗都懂。你向远处抛一块肉，狗会径直跑向肉所在的位置，而不会绕圈子。但在现实生活中，我们却经常舍近求远，是我们的智商不如狗吗？

当然不是！

是因为我们会U型思维：此路不通，就换条路试试。比如，在早高峰时，路上经常堵车，有时一公里的路程要开半个小时，或者一个小时。有些司机会选择在这个路段等，有的司机会选择绕行。选择绕过堵点，虽然行车的距离变长了，但是节省了到达目的地的时间。所以说，两点之间的距离可能是最短的，但未必是最快的。

举个例子。不管是去超市，还是去银行办业务，我们经常要排队。当你在商场遇上排队结账的长队，通常你会怎么选择？

国外有两位统计学家研究了排队背后的数学问题，并且提出：鉴于大多数人是右撇子，所以人们一般会下意识地选择排在靠右的队伍后面，其实，你可以排到左边试试；再就是，要尽量找收银员是女性的队去排，因为她们动作更快；在收银员速度大致相同的情况下，重要的是服务时间，也就是要看结账的商品数而非排队的人数，商品数多，意味着最短的队或许是最慢的队。

再比如，人们看病总喜欢到大医院，每天早上医院的挂号窗口都会排起长长的队。患者总希望早点排到号，还希望医生能多听自己介绍病情。但是，医生的就诊时间有限，如何选择正确的科室和专家，并在短时间内向医生传达有效的内容，避免重复没用的信息呢？

关于这个问题，很少有人会想，大家只想着“早点排队”。如果我们换一种思路，变“早点去”为“晚点去”呢？

一般，医院都在早晨8点开诊。一天之中，约有三分之二的患者会选择在上午看病，而在开诊之后的两个多小时内，患者最为集中。

许多患者习惯一大早去看病，是想留有足够的时间做各项检查，为的是少跑一趟。其实，如果是新发疾病，且不是严重的急性病的话，第一次看病往往是为了明确病因。大多数医院为了方便患者，全天都可以进行抽血、测心电图、拍片和B超等常规检查。如果是慢性病患者，其就诊目的往往是定期复查，可能要抽血、拍片等，除了一些常规检查，诸如甲状腺功能、血脂、细菌和病毒检测等检查，当天很少会出检查结果。

根据上面的分析，我们去医院看病时，完全可以选择避开高峰时间段，要么上午迟点去，要么下午再去医院就诊。这是一种U型思维。这么做，不但可以避开高峰期，而且看病、取药都非常快。

可见，运用好U型思维，也能给我们的生活带来一些便利。在生活中，当此路不通，或是不顺畅时，该怎么办？继续坚持吗？不是！是就此放弃吗？也不是！正确的做法是，先让思维转个弯。

很少有人能够直截了当就把一件事情做好。有时需要等待，有时需要合作，有时需要技巧……有时会碰到很多困难和障碍，如果硬挺、硬冲，只会把事情搞砸。这时，只有善于U型思维，有策略地绕过困难与障碍，才会顺利地把问题解决掉。遗憾的是，很多人只喜欢判断对错，以至于采取了某种方法后，就会排斥与之相反的方法。

转个弯，绕过思维的坑

逻辑思维为了帮助我们快速高效地处理日常事务而进行快速分析、判断和推理，从而做出各种决策。所以将万事万物进行二元化的限定和分类，如黑与白、对与错、高与矮、方与圆、远与近等，从而使得我们的大脑可以快速地进行“非黑即白”式的判断。这种将事物二元化的方法，就像两条铁轨，限制了我们的大脑，使其只能在规定的模式中思考。

U型思维是一种打破逻辑局限，用迂回的方法使问题得到快速解决的思考模式。它的特点是不限制任何范畴，不受困于常识与规则。

研究表明：左右一个人成功的最关键因素是思维模式，而不是智商的差异。所以，在生活中，我们不要做常识分子，要学会绕过思维的坑。

在明朝末年，有个商人约了一位朋友进省城做买卖。他身上带了一部分钱财，又与同行的朋友把另一部分钱财埋在一个隐秘的地方。

但同行前，好友突发疾病不能同行，商人便一人上路了。走到半路，商人遇到劫匪，所有钱财都被抢了。于是，他只好中途返回，直奔埋钱的地方，挖开一看，钱不见了。

商人一屁股坐到地上，悲痛欲绝。但他转念一想：只有自己和朋友知道埋钱的具体地点，而且临行前朋友说自己生病了，看来一定是朋友偷走了钱。如果直接去找朋友要钱，他一定不会承认。如果去官府告状，又没有证据。商人想了好久，终于想到了一个办法。

他先回到自己家里，换了套好衣服，找来一块布包了一些石头，然后来到朋友家，兴高采烈地对朋友说："我在路上做了笔好买卖，赚了一笔钱，回来还想把钱埋在原来的地方，你和我一起去吧。"

朋友的确偷了那笔钱，本来不想去，听说他又赚了许多钱，并且还要埋在原来的地方，便想：如果他回到原来埋钱的地方，会发现钱没有了，这样就不会再去埋钱了，自己也就得不到这笔钱了。于是，他笑着说："真是祝贺你啊！太好了，我和你一起去。但我现在有点事，你先回家，等我处理完就找你去，咱俩一块去。"

商人离开后，这位朋友马上带着先前挖出来的钱直奔埋钱的地方，并把钱埋到原位，然后又跑到商人家里。商人立即拿着那个沉甸甸的包裹和朋友一起出了门。来到埋钱的地方，商人挖出了埋的钱后，又把带来的包裹埋了进去，一句话没说就走了。朋友有些吃惊，后来，等他悄悄挖出那个包裹一看，里面竟然全是石头。

商人很聪明，他知道朋友偷了钱，就在心里有了盘算。如果商人直接质问朋友是否拿了自己的钱，朋友肯定不会承认，因为朋友也知道商人拿不出来证据。商人没有按常规套路出牌，而是运用U型思维，将计就计，让朋友相信自己还有更多的钱，朋友出于贪心，结果上了当，"返还"了偷来的钱。

人生就像一张画，而我们手中紧握的是决定画面的画笔。完成这样一幅画，不仅需要画直线，也需要画曲线，必要的时候，如果巧妙地增加一些拐点，更能显现出美好绚丽的人生。

路的旁边还有路

一个时刻，一个人只能做一件事，只能向一个方向思考。但是，我们可以用空间来给各色各样的思维方向下定义。最简单的思维方向是线性方向，它是由线性思维演绎而来的。由于人们最常用的思维是垂线思维，直来直去，所以会产生许多盲点。

有一次，老和尚问小和尚："如果你前进一步是死、后退一步则亡，你该怎么办?"

小和尚毫不犹豫地说："我往旁边去。"

思考的方向错了，走得越快离失败越近。遭遇两难困境时，不要只做单向思考，如果能让思维拐个弯，或许就会发现：路的旁边还有路。在现实生活中，如果你不会让思维拐弯，许多时候就只能在两种选择中纠结：要么止步不前，要么失败。

不管是人生，还是事业上的成功，在很大程度上取决于一个人的思维能力。事物往往具有很多"面"，除了对立面，还有侧面、上面、下面等，所以当看到其中一面时，不要以为事物就是那样子了。单方面的思考，只观其表，得出的结论可能是错误的。如果你运用U型思维，从多个角度看问题，且能把各个问题联系起来，便能认清事物的真面目。

一般来说，习惯常规思维的人，在面对一个问题时，往往只会给出一个“标准”答案，而且他会认为，这个答案是具体而固定的。其实，“标准”答案之外还有“正确”的答案。

在现实生活中，一问一答式的教育使我们习惯于按常规方向思考问题：要么无意识，要么缺少认识，要么没有思路。所以有时脑袋转不过弯，看不到眼前的困局。

达·芬奇的老师佛罗基奥说：“即使是同一个蛋，只要变换一下角度去看，形状也就不同了。比方说，把头抬高一点儿看，或者把眼睛放低一点儿看，这个蛋的椭圆形轮廓就会有差异。”

运用U型思维，会发现许多问题的正确答案远远不止想象的那样只有一个。有些问题从不同的角度看，会得出截然相反的结论；有些问题永远没有唯一的答案。只要因素发生变化，只要有一个条件发生变化，答案就会发生变化。

U型思维并不是高深的思维模式，有时只需要一个灵感。曹冲称象的故事大家都读过。大人们只想着怎么把象称起来，而曹冲却没有从称象的角度思考，想到了用石头代替大象的重量。除了曹冲想到的方法，你还能想到其他称象的方法吗？当然，你可以这样想：石头太重，搬来搬去非常麻烦，是否可以先让一些人站在船上？或者往船上放一些比较重，又容易计算重量的东西？先逆转思维，然后再变换角度去思考，思路也就被打开了。

再举个例子：一只装了半瓶水，且用软木塞塞住的瓶子，不拔出塞子，不敲碎瓶子，不用任何工具，如何喝到水？

这也是一个考验思维能力的问题。如果你顺着“拔塞子”的思路思考，只会走进死胡同，越想越头大。如果换个视角看：能否将塞子按入瓶子内？这时，你就豁然开朗了。为什么有些人认为这个问题比较难呢？是因为他受线性思维的支配，看不到路的旁边还有路。

在竞争越来越激烈的社会，未来只属于“有想法”的人。所谓的某方面的专家，其实都是在相关方面有想法、爱思考的人，他们会不停地让自己的思维从一个角度转向另一个角度，随着视角的转换，对问题的理解也在逐渐加深，最终抓住了问题的实质。

【思维练习】

一模一样的考卷

在某中学的一次期末测试中，考生在绝对不能作弊的考场中进行包括作文的语文测验。结果，有一个考场居然出现了两张一模一样的答卷。

你认为在什么情况下会出现这种现象?

解答：

看到这个题目后，大多数人首先会从“一模一样”入手，冥思苦想，推测各种可能的作弊手法。有人会认为，是其中一个学生用复写纸答卷，也有人认为，一个学生将答好的卷子交给另一个学生抄。

显然，这些解释都不符合题意。其实，只要运用U型思维，会发现答案很简单：两个人都交了白卷。很多人之所以想不到这个答案，是因为不善于从不同的角度考虑问题。

第十四章

联想思维：将你的思维运用到极致

客观世界是复杂多变的，是由许多各式各样的事物构成的。而不同事物之间又存在着种种差异和区别，正是由于这些差异才使得整个世界变得如此丰富多彩，也正是因为这些差异，才给了人们联想的空间，而且两个事物之间的差异越大，将其联想到一起的难度就越大，所以，只有充分发挥联想，才会让问题得到更加圆满的解决。

接近联想：望梅也能止渴

在生活与工作中，每当我们将看似不相关的事物联结在一起，就已经在发挥联想思维了。具体来说，联想思维可以分为接近联想、相似联想、对比联想、灵感联想几类。

接近联想，最早可以追溯到公元前四世纪，由亚里士多德提出。它是指根据事物之间在空间或时间上的彼此接近进行联想，进而产生某种新设想的思维方式。这种联想往往遵循一定的逻辑，有时甚至一环扣一环，比较严谨。

汉语中有一词“望梅止渴”，其实就是一种接近联想，即看到梅子的时候，脑中所有和梅子相关的感受会被调动起来，想到梅子的酸甜味道，促使唾液的分泌。

曾经，有一个餐馆老板的生意十分冷清，眼看就要倒闭了。一天，一个心理学家前来就餐，看到老板的生意如此惨淡，便给老板出了个改善生意的主意。老板照着他的方法去做，没想到生意变得出奇的好。此后，他再也不用去考虑倒闭的事情了。

这位心理学家是如何做的呢？其实，他的办法很简单，就是让餐馆老板在夏天时将餐馆的墙壁都漆成绿色，冬天时则将墙壁都漆成暖黄色。

这个办法之所以如此奏效，是因为，一般而言，绿色、蓝色、青色等颜色属于冷色调，人们看到之后很容易联想到草地、蓝天、大海等，进而产生一种清凉的感觉。而黄色、橙色、红色等颜色则属于暖色调，人们看到之后，一般会联想到太阳或者火焰等，进而产生一种温暖的感觉。心理学家正是利用了人们在心理上的联想效应，使得餐馆吸引了更多的顾客。这个故事便是一个运用接近联想思维法的典型实例。

1910年，魏格纳因病住进了医院。他的病床对面的墙上，挂着一幅世界地图。一天，他专注地看着这幅世界地图，他发现，大西洋两岸的海岸与海有很好的吻合性。南美洲突出的巴西，正好可以镶嵌进非洲喀麦隆凹进去的海湾里。如果将它们拼合在一块儿，就可以形成一个新大陆。

为什么海岸线有如此好的吻合性呢？这是巧合吗？魏格纳发现，将各洲的海岸线拼起来，各大洲就能围成一块大陆。吻合性不是巧合，一定有其内在的原因。为了说明这种吻合性，魏格纳提出了一种假说——大陆漂移说。

这种学说认为，现在的远隔重洋的各个大洲，在古代是连在一起的，称之为泛大陆，泛大陆的周边是海洋。后来，原始大陆逐渐解体，向着不同的方向漂移，最终形成了现在的样子。可见，魏格纳提出的“大陆漂移说”，其实是建立在接近联想的基础之上的。

在现实生活中，运用接近联想的例子有很多。比如，苏东坡当年在杭州任地方官的时候，西湖的很多地段都已被泥沙淤积起来，成了当时所谓的“葑田”。苏东坡多次巡视西湖，反复考虑如何加以疏浚，再现西湖美景。有一天，他想到，如果把从湖里挖上来的淤泥堆成一条贯通南北的长堤，这样既便利来往的游客，又能增添西湖的景点和秀美。这个妙计，可谓一举数得。

相似联想：神奇的“海盘车”

相似联想，即由某一事物或现象想到与它类似的其他事物或现象，进而产生某种新的设想。采用相似联想，要注意抓住事物的主要特点，并展开丰富的想象。其中的“相似”，主要体现在四个方面：形状相似、结构相似、功能相似、性质相似。

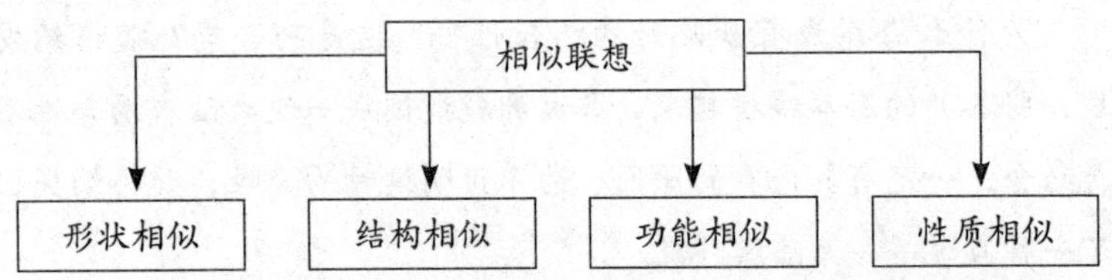

例如，由一部电影而联想到另一部电影，或是某种生活场景，便属于相似联想。这种思维方法在生活、科学以及文学艺术方面有着很广泛的用途，如人们根据鸟的飞行原理发明了飞机，根据鱼的形状而创造了潜艇，均属于对于这种思维方法的运用。

柏契尼科夫是俄国著名的生理学家，有一天，他仔细观察“海盘车”的透明幼虫，并向一堆幼虫丢去几根蔷薇刺。结果，那些幼虫立刻将蔷薇刺包围起来，一根根地加以吞噬，他从没有见过到这种现象。

由此，柏契尼科夫联想到自己在挑扎进手指中的刺尖时看到过的情境：刺尖断留在肌肉里一时取不出来，没过几天，尖刺却奇迹般地在肌肉里消失了。刺为什么会突然消失？这让柏契尼科夫非常好奇。

后来他发现，当刺扎进手指时，白细胞就会将它包围起来，然后将它吞噬掉，于是“白细胞的吞噬作用”这一重要理论就诞生了。这种理论认为，在高等动物和人体内部，都存在着细胞吞噬现象，尤其是某个部位产生炎症的时候，这种现象能够起到保护机体的作用。

在这个故事中，柏契尼科夫通过观察“海盘车”的幼虫吞噬蔷薇的刺这个现象，联想到刺尖留在肌肉里的情形，进而提出了白细胞具吞噬作用这一理论。这是一种典型的相似联想。

当然，有相似联想，就有相反联想。

古时，有一个叫赵明的县衙捕头，他精明能干，而且善于观察。有一次，他带了几个衙役正在河面上巡视，天突然刮起了大风。这时，迎面驶来了一条木船。船上没有任何货物，却行驶得非常平稳，这引起了赵明的注意。他稍做思考，便决定上船查个究竟。

上船后，赵明提出要查看舱底，船主有些慌乱，但又不得不从。在打开舱底的一刹那，他发现里面放了不少东西。经过现场审问，发现它们正是县衙要追查的赃物。

在故事中，赵明正是从“刮起大风”“船行驶得非常平稳”这两个反常现象中发现了问题。通过运用相反联想思维，断定船里一定有什么东西，从而追查到赃物。

对比联想：狄克拉的预言

对比联想，是指根据事物之间存在着的互不相同或是彼此相反的情况进行联想，从而引发某种新设想的思维方式。

比如，由荒漠想到麦田，由灯光想到黑暗等。对比联想反映出事物间共性和个性的和谐统一，事物在某一种共同特性中却又显示出比较大的差异，从而形成比较强烈的对比。如紫与黑都是由于光的折射而引起的，这是共性；但前者是由于物体吸收了其他颜色的光而反射紫光的结果，后者则是物体吸收了所有颜色的光的结果，这是个性。对比联想在文艺创作、哲学、科学研究等思维活动中有着比较重要的作用。

例如，由负电荷联想到正电荷，运用的就是对比联想思维。美国物理学家狄克拉在研究中发现，电子的能量正负对称，于是联想到，电荷也应该具有对称性，既然人们已经发现了带负电荷的电子，就一定会存在带正电荷的电子。狄克拉提出的这一想法，在1732年被美国物理学家安德逊所证实。

18世纪时，人们证实金刚石和石墨的成分一样，都是由碳元素组成。1799年，法国化学家摩尔沃成功地将金刚石转化为了石墨。因为金刚石的使用价值要大于石墨，因此，许多人在摩尔沃的基础上展开了对比联想：既然金刚石能够转化为石墨，那么石墨能不能转化为金刚石呢？后来，真的有人实现了这个想法。

19世纪，法国微生物学家巴斯德用实验证明了细菌可以在高温下被杀死，所以，可以将食物煮沸进行保存。物理学家开尔文得知这一消息后，便想：既然高温能够将细菌杀死，那么低温是不是也能将细菌杀死呢？沿着这一思路进行了进一步的研究后，开尔文发明了“冷藏工艺”，掀开了人类保存食物方法的新篇章。

在现实中，对比联想的例子也很多。例如在生意场上，对比联想可以帮助自己打开一片全新的天地。

布希耐是美国一家玩具公司的董事长，有一次他到郊外散步，偶然看见几个小女孩正在玩一只肮脏且异常丑陋的昆虫，并且爱不释手。布希耐灵机一动，市面上卖的都是美观漂亮的玩具，假如生产一些丑陋玩具，又会怎么样呢？回到公司后，他马上组织人员投入研发，研制出一套“丑陋玩具”，并迅速投放市场。

没想到“丑陋玩具”非常畅销，给公司带来了可观的利润，让同行十分羡慕。于是“丑陋玩具”很快风行开来，如“疯球”就是在一串小球上面，印上许多丑陋不堪的面孔；又如橡皮做的丑陋的农夫，长着一头枯黄的头发，一身绿色的皮肤和一双鼓胀而带血的眼睛，眨眼时会发出非常难听的声音；等等。这些丑陋玩具的售价竟比那些漂亮玩具价格还高，但是问世后却一直畅销不衰，在美国还因此而掀起了一股“丑陋玩具”的热潮。

在故事中，漂亮玩具与丑陋玩具是一种对比，由漂亮玩具想到丑陋玩具，就是一种对比联想。从中可以看出，善于运用这种思维方法，会有新的发现与创新。

对于从事带有创意性工作的人，更需要运用对比联想思维，在平时的工作中认真观察，大胆假设，并能够产生一些奇思怪想。对比联想思维往往可以帮助他们打开工作思路。

灵感联想：彩虹与相对论

灵感联想，也叫即时联想，是指在某一瞬间受到一种事物的启发，进而产生灵感的思维方法。灵感也可以理解为顿悟，它是一种新东西，即过去从未有过的新思想、新念头、新主意、新方案、新答案。这种思维常常见于科学、艺术等具有创造性的活动中。它具有偶然性、突发性、创造性等特点。诗人、文学家的“神来之笔”、军事指挥家的“出奇制胜”、思想战略家的“豁然贯通”、科学家、发明家的“茅塞顿开”等，都体现了灵感的这一特点。

尽管灵感随时可能产生，产生灵感几乎不需要投入，但对它进行捕捉保存、挖掘提炼、开发转化、实现价值则可能需要一定的投入，而且往往需要经历一定的程序和过程，需要进行必要的社会分工。当灵感闪现时，特别是大脑中突然产生了与自己工作生活无关的灵感，多数人不能独自开发保护灵感，更难确保实施完成创新，也不可能调动其他资源，古今中外，无不如此。只有少数人抓住部分灵感，不折不挠地完成了创新，实现了创新的价值，成了发明家、科学家。

爱因斯坦在读大学的时候，一次雨后，他突然看到天空中的一道彩虹。这时，联想到自己正在研究的物理学问题，不禁想道：如果人能够乘坐光速飞行的宇宙飞船到太空中旅行，会看到什么呢？于是，他顺着这个思路想下去，走上了相对论的发现之旅。

借助于灵感思维，我们往往能够打破束缚和框框，使自己的思路更具创造性。特别是在学习或研究中，将自己学习过的知识点进行总结归纳，找到相似或相反的特征，这样串起来记忆，由此能够想到彼，能够更好地记忆和把握知识点。

提升灵感联想思维能力最常用的方法，就是用脑——会用脑、多用脑。所谓会用脑，就是会思考，对一些显而易见的现象，要能产生疑问，遇事多问几个“为什么”，多提出几个“怎么办”，因为任何创新项目的完成，都是独立思考和钻研探索的结果。

多用脑也比较好理解，它不是指连续不断地用脑，而是要把人脑的创新潜能充分地发挥出来。爱因斯坦对为他写传记的作家塞利希说：“我没有什么特别的才能，不过喜欢刨根问底地追究问题罢了。”“数字化教父”尼葛洛·庞帝说：“我不做具体研究工作，只是在思考。”

所以说，科学用脑是开发大脑创造潜能、引发灵感，形成创造性认识的最一般、最普遍适用的方法。正如数学家华罗庚所说：“科学的灵感，绝不是坐等可以等来的。如果说，科学上的发现有什么偶然的机遇的话，那么这种‘偶然的机遇’只能给那些学有素养的人，给那些善于独立思考的人，给那些具有锲而不舍的精神的人，而不会给懒汉。”

【思维练习】

如何解决输油问题

美国的一个南极探险队首次准备在南极过冬时，遇到了这样一个难题：队员们想把船上的汽油输送到基地，但由于输油管的长度不够，当时又没有备用的管子，无法输送。

正当大家一筹莫展的时候，队长帕瑞格突发奇想，想到了一个方法。结果大家用这个方法，解决了输油的问题。

你知道他们是如何做的吗？

解答：

由于南极气温极低，白天都能“滴水成冰”，所以，可以用冰做输油管，具体的做法是：将医疗上使用的绷带缠在铁管子上，然后在上面浇水，让水结成冰后，再拔出铁管子，这样果然就做成了冰管。然后再把冰管子一截一截地连接起来，需要多长就接多长。

第十五章

移植思维：聪明人都在用的思维方式

现代医学发达，人的眼睛、心脏、肾脏等器官可以移植到另外一些人身上，这早已不是什么新鲜事儿了，但是，你试想过思维、经验、观念、原理也可以“移植”吗？在高手的思维世界里，没有什么是不可以移植的。

阿基米德的别样秘诀

在古代，有一位国王得到王位后，决定做一顶金制的王冠献给神灵以感谢神灵的庇佑。于是他称给金匠所需要的金子并付给了酬金，定做了一顶金冠。工匠按规定的期限做好了金冠。国王很满意，过了称，工匠所做的金冠的重量与所称金子的重量完全相符。事后，有人告密，说工匠偷了做金冠的一部分金子而掺进去同等重量的银子，国王为有人欺骗他而他又无法揭露这种欺骗而感到生气。

有人可能会说：做个简单的化学分析实验不就清楚了吗？但是，当时的人们还不知道什么叫“化学分析”，所以不能通过这个方法找到解决问题。于是，国王请智者阿基米德来想办法。然而阿基米德百思不得其解。一次，他沉思着偶然走进了浴室，当他坐到澡盆以后，发觉自己进入澡盆的身体体积与澡盆中流出来的水的数量一样。

弄清楚这个现象的实质以后，他马上高兴地跳出澡盆，光着身子跑回家，对所有的人大声宣布，他找到了解决问题的方法。

他找到了什么方法呢？金子比银子的比重大些。掺了银子的王冠一定比同等重量的纯金体积大些，在灌满水的容器中，体积大的王冠溢出来的水必定多些。这就找到了工匠盗窃金子的证据了。

这不就是液体静力学的基本定律么？其实不是的。这只是一种比较不同物体体积的办法。金冠的问题推动阿基米德对物体漂浮规则进行了细心而艰巨的研究，结果得出了著名的“阿基米德定律”。

阿基米德的思维方法妙就妙在，把形状不规则的王冠放入水中，让水这位无私的公正大师来做裁判：王冠的体积等于从容器中所排出的水的体积。这种思维方法既简单又巧妙，令人口服心服。

在上面的故事中，阿基米德使用的思维叫移植思维。移植思维，是指将某一领域的技术、方法、原理或构思移植到另一领域而产生新事物的方法。它是20世纪末诞生的一门新型的逻辑学科。例如，将数控技术移植到普通机床上，并加以改造融合，就发明了数控机床；将计算机、激光技术移植到印刷领域，便带来了印刷出版行业的一次革命。

所以，英国科学家贝弗里奇说："移植思维是科学发展的一种重要方法。大多数的发现都可应用于所在领域以外的范畴里，而应用于新领域时，往往能促成进一步的发现。重大的科学成果来自移植。"

在现实中，移植思维是一种非常实用的思维方法，对社会各个方面和领域都有巨大的促进作用。

首先，移植思维可以促进科学的发展。把一门学科中的知识原理移植到另一学科领域，很可能会形成一门新的学科。例如我们所知道的仿生学、生物统计学、解析几何等。

其次，移植思维能促进经济的发展。比如日本、韩国的发展就是很好的例证。日本国土虽小，资源贫乏，却是经济大国，分析其原因会发现，日本的经济发展主要是移植其他国家的先进科学技术，并与本国的发展实情相结合，从而促进了生产的发展。

再次，移植思维可以提升管理的效率。在企业管理中有一个普遍的现象，中外合资经营企业的效率比较高，其中一个很重要的原因是，引用了外国的有效的管理办法，或者说借鉴了别人的先进经验，最后形成了适合自己的一套管理体系。

移植是一个创造过程

从移植方式上来分，移植思维可分为两大类：一是先见到可“移”之物，触景生情，引起联想。比如，盲文的发明就属于这一类。

许多年前，法国海军巴比尔舰长带着通信兵来到一所盲童学校，向孩子们表演夜间通讯。漆黑的夜晚，眼睛是用不上的，于是，军事命令被传令兵译成电码，在一张硬纸上，用“戳点子”的办法，把电码记下来。而接受命令的一方的士兵，用“摸点子”的办法，再译出军事命令的内容。这一表演引起盲童布莱叶极大的兴趣，对于他来说，“戳点子”和“摸点子”就是“可移”之物。于是，他反复研究，终于发明了“点子”盲文，并一直沿用到今天。

另一种是根据移植的需要，去寻找“可移”之物，通过联想而导致移植发明的成果。压缩空气制动器的发明就是一个例子。

火车发明后，由于制动器的力量不够强大，在遇到紧急情况时，经常由于刹不住车而发生交通事故。有一个叫作乔治的美国青年，目睹了车祸的发生，于是萌发了要发明一种力量更大的制动器的想法，这就是移植的需要。

一天，乔治从当地的报纸上看到用压缩空气的巨大压力开凿隧道的报道，于是便想：既然压缩空气可以劈石钻洞，那为什么不能用它来制造火车制动器呢？很快，乔治找到了“可移”之物。反复试验之后，22岁的乔治终于发明了世界上第一台压缩空气制动器。

如果从思维形式途径来划分的话，移植思维可以分为四种：

1. 原理移植思维法

即将一个学科或者多个学科领域里的原理、概念、定律等运用到另一个学科或者多个学科领域，并且形成新的内容。

2. 方法移植思维法

即将一个学科或者几个学科领域的研究方法和描述方法应用到另一个学科或几个学科领域。例如，发泡技术移植到橡胶生产技术中。众所周知，发酵后的面团内部会产生气泡，而使食物变得蓬松。这种技术被称为发泡技术。该技术被美国人成功移植到橡胶的生产中，他们将能够产生气泡的发泡剂掺入生橡胶，橡胶熟化后就会像面包一样膨胀起来，这就发明了橡胶海绵及其生产工艺。

3. 技术功能移植思维法

即将某种行之有效的技术功能，由它最初运用的技术领域移植到其他技术对象上，以创造新的技术产物。功能是事物的效能或工作目的。人们设计了各种装置和事物，其目的就是让它们发挥出预定功能，以满足使用者的需求。

4. 结构性移植思维法

这是指将某一领域的独特结构移植到另一领域后形成具有新结构的事物的一种思维方法。例如，蜂窝是一种费料少但强度大的结构，将这一结构移植到飞机制造上，便可以减轻飞机的重量，而提高其强度。将这一结构移植到房屋建筑上，可制造蜂窝砖，减轻了墙体重量，既隔音又保温。

它山之石，可以攻玉

它山之石，可以攻玉。现在是一个信息大爆炸的时代，我们没有时间去把每一件事、每一个现象都研究透彻，但是我们可以跨行业、跨学科地进行借鉴。这也是科学技术和社会生活创新中最简便、最高效的一种方法。

凡要解决的难题，如果有可借鉴或借用他人和他事的成功经验和方法，就设法移植过来，但同时要抓住相似程度这一要点，分析移植相容相通的可能性和成功率，找出创新点和突破点。

提到“吉列”，人们就会想到世界上最好的剃具。金·吉列是吉列公司的创始人。有一天早晨，他刮胡子时，由于刀磨得不好，刮得费劲，脸被划了几道口子，懊丧之余，吉列盯着剃刀，产生了创造新型剃须刀的念头。于是他对周围的男性进行调查，发现他们都希望有一种新型的剃须刀，他们的基本要求包括安全、保险、使用方便、刀片随时可换等。这样，吉列就开始了他研发剃须刀的行动。

由于没能突破传统习惯的束缚，新发明的剃须刀的基本构造总是摆脱不掉老式长把剃须刀的局限，怎么办呢？吉列冥思苦想，一直没有思路。有一天，他望着一片刚收割完的田地，看到一位农民正轻松自如地挥动着耙子修整田地，一个全新的思路闪现在他的脑海里：对！新剃须刀的基本构造，就应该同这耙子一样，简单、方便、使用自如。

吉列的这个思路，其实就是移植思维。他通过观察农民用耙子修整收割过的田地，开阔了思路，并将耙子简单、方便、实用的特点移植到剃须刀中。

各门学科都有其自己的特性和规律，形式不同，内容不同，但最终能找到相互之间的共性、统一性和相关性，这些特征就是运用移植思维的客观依据。所以，移植法不仅可以在相近的专业领域运用，而且可以在相距甚远、完全不同的领域间运用。

例如1988年匈牙利物理学家尼古拉斯·柯蒂把低温技术移植到食品烹调中，创立了分子美食学。用液氮改变食物形态，让食物的味道、质感和造型超越常规；通过长达几小时到几十小时维持在50—60℃的低温慢煮食物，蛋白质不分解，使鱼肉口感极其细腻，入口即化，保持了食材原汁原味，等等。巧妙运用移植法，可以节约成本、少走弯路。

当然，移植思维不是与生俱来的，但它可以通过培养和训练获得。在创新工作中，要想具备移植思维的能力，不但需要积累渊博的知识，而且要精通某个或多个学科的原理，并能从一些成功的移植思维的案例中，悟出移植思维的真谛。

合理移植，化解难题

事物都是普遍联系的，巧妙利用事物的内在联系和直观联系，把现有知识成果引入新的领域，往往能促使人们以新的眼光、新的角度去发现新的事实，产生新的成果。所以，运用移植思维，在一定条件下能够帮助我们找到解决问题的方法。

爱迪生11岁那年，妈妈突然生病了，医生说需要立即做手术。但是当时爱迪生的家里非常贫穷，根本住不起医院。于是爱迪生请求医生在家里给妈妈做手术。当时天色已晚，爱迪生的家里只有煤油灯，光线太暗，医生为难地说："光线太暗无法进行手术啊。"

这时，妈妈痛得在床上打滚，爸爸和医生也想不出更好的办法。爱迪生看着窗户外的月光，突然想起白天和小朋友一起玩阳光反射的游戏，于是他兴奋地说："爸爸，我有办法了！"

他让爸爸把大衣柜上的镜子拆下来，又到邻居家借了好几块大镜子和煤油灯。他把镜子和煤油灯都放在床的周围，挨个调整角度，使镜子里反射出来的光聚合在一起，床上顿时明亮起来。

在爱迪生的帮助下，医生的手术进行得十分成功，爱迪生的妈妈得救了！

爱迪生的这种思维方法其实就是移植思维法，他把太阳光的反射原理移植到了煤油灯光的反射当中，从而照亮了医生的手术台。

奥恩布鲁格是一名医生，父亲是一个酒商。他经常看见他父亲用手指敲酒桶的上下木盖，从木制酒桶发出的声音发现酒桶内是否有酒，有多少酒。有一次，奥恩布鲁格给一个病人看病，但一直到这个病人死了，也没有诊断出患的什么病。后来，经过对死者尸体的解剖，才发现病人胸腔已化脓，积满了水。

在这种情况下，奥恩布鲁格经过思索与研究，把其父亲用手指叩击木桶盖听声音来判断桶内酒量多少的方法移植到医学上来，经过临床的观察、试验，终于发明了“叩诊法”。

在生活与工作中，经常会出现一些难题，正着想，反着想，都没有思路的时候，不妨运用移植思维，借鉴其他方面类似的成功经验、做法，会使问题变得柳暗花明。

有一次，但丁路过一家铁匠作坊，意外地听到里面的铁匠一边在打铁，一边唱着他的诗歌。但丁听到铁匠任意缩短和加长自己的诗句，感到十分恼怒。他本想进去跟铁匠理论，但想到铁匠根本就不会明白他的想法，无法与铁匠进行沟通，就停住了脚步。

过了一会儿，但丁想出了一个办法。他径自走进铁匠的作坊，二话没说拿起铁匠的锤子、钳子等工具，一件一件地扔到了街上。

铁匠气坏了，气愤地质问：“干什么？你疯了吗？干吗乱扔我的工具，使它们受到了损坏?”

但丁理直气壮地答道：“那你为什么唱我的诗歌，却不按我写的格式去唱？你把我的作品全部破坏了！”铁匠一听就明白了但丁的意思，不好意思地向但丁道歉。

【思维练习】

郭沫若说什么了

一次，我国著名漫画家廖冰兄在重庆展出漫画《猫国春秋》，当时在重庆的许多文化名人如郭沫若、宋云彬、王琦等都应邀前往，参加首展剪彩仪式。席间，郭沫若问廖冰兄："你的名字为什么这么古怪，自称为冰兄?"

版画家王琦抢过话头，解释说："他妹妹名冰，所以他名叫冰兄。"这种逻辑显然是错误的。但是，直面指出对方的错误是非常失礼的。这时，郭沫若哈哈大笑，并回了一句话，结果引得满堂宾客捧腹大笑。

你能猜到他说了什么吗?

解案：

郭沫若说："噢，我明白了，郁达夫的妻子一定叫郁达，邵力子的父亲一定叫邵力。"在这个问题上，郭沫若运用移植思维纠正对方的错误，显得既得体又不失礼，而且还烘托了现场的气氛。

第十六章

系统思维：人类掌握的最高级思维模式

解决问题不能“见招拆招”，只考虑一个方面，而要综合权衡。要想找到更多的“破局点”或者“杠杆点”，产生“四两拨千斤”的效果，须运用系统思维。这也是迄今为止，人类所掌握的最高级的思维模式。

框架思维：定位核心问题

解决问题的第一步，是要确定问题所在。就像医生给病人看病一样，只有知道病因是什么，病症在哪里，才能对症下药。许多时候，我们面对一个问题时，既不知道如何解决，也不知道它的正确答案是什么。对于更为复杂的情况，要想找到问题所在，就要学会分析、定位问题。

如何分析、定位呢？这就需要运用系统思维快速、有效地构建一个高质量的“思考框架”，在此基础上，再淘汰非关键的问题，从而抓住问题的重点。

那什么是框架呢？

世间万物，无论是大到一个星系还是小至一个原子，其本质都是一个个的系统。而“框架”就是对系统构成元素以及元素间有机联系的简化体现。通过分析物体系统的构成元素，人类可以对物体形成深刻的理解并对其进行应用甚至改造。

“框架”不仅仅体现了系统的构成元素，还体现了系统各构成元素之间的有机联系，这种联系就是“规律”。通过对系统规律的理解和把握，人类甚至可以认知到靠眼睛看不到、靠耳朵听不到的东西。

早在1915年，爱因斯坦就基于相对论提出了“引力波”，但直至2015年，人类才第一次探测到了引力波。众所周知，爱因斯坦没有进入过太空，也没有使用过先进的宇宙探测工具，但仅仅依据广义相对论，他在1915年就预言了“引力波”的存在。这是因为他掌握了系统规律。

既然万事万物的本质是系统，而且掌握系统的“框架”可以产生巨大的力量，所以透过“框架”，可以认识这个世界中存在的所有事物。这种透过框架来理解世界的思维方式就是我们所说的“系统思维”。

“框架”是系统思维的核心组成部分。系统思维的特点主要是整体性、结构性、三维性、综合性、动态性。整体性、结构性、三维性和综合性，都是基于“框架”产生的，而动态性则是通过框架构成元素之间联系的动态变化来体现。系统思维就是选择、改善或构建“框架”，以更快速、更全面、更深入地系统思考和表达的思维方式。如果将这个概念进行简化，可以做这样的理解：系统思维就是用“框架”来系统思考和表达的思维方式。

在生活中，处处都充满了框架。在解决某个问题之前，如果你知道它的框架，那你直接用这个框架思考，一定要比你进行全新的思考效率更高。举个例子，你要到一个陌生的地方，去那里拜见一位客户，你有两种方法：一是边走边问路，慢慢摸索过去；二是用导航，或是提前查好路线，再按导航或是查好的路线行走。你认为哪种方法更节省时间呢？

当然是后一种。

定位问题时，不利用框架，就如同去陌生的地方不查地图，或是不用导航；运用框架思考，就是照着查找的路线直达目的地。所以说，运用框架思维来思考，可以更快速、准确、深入地定位问题。

积木思维：构建模型系统

许多家长都喜欢和孩子玩搭积木的游戏，家长认为，这种游戏有利于培养孩子的想象力、创新思维，锻炼他们的协调能力。这都有一定的道理，除此之外，这种游戏还有益于培养孩子的系统思维。因为孩子在用小小的"零件"构建一个结构复杂的建筑模型时，也是在系统地思考问题——自己在摆弄的到底是几个小零件，还是一个整体中的分散零件。当孩子心中有了完整的模型系统后，他要做的就是把各式积木像填空一样放进去。

这种积木思维体现的是一种逻辑抽象能力，也可以称为整体观、全局观，即在考虑解决某一问题时，不是把它当作一个孤立、分割的问题来处理，而是当作一个有机关联的系统来处理。

在如今的现实生活中，掌握系统思维方法，是一项重要的能力。

麻省理工学院系统动力学教授约翰·史德门曾做过一个预言：在美国航空公司营运状况良好的情况下，他断言其一定会破产。此话一出，引来众多非议，有人认为他胡说八道，有人认为他疯了，还有人怀疑他是否与这家公司有恩怨。结果，他的预言成真了——两年后，这家航空公司果真倒闭了。

很多人开始惊奇：约翰·史德门是如何做出这种判断的？一时间，人们将他奉为神人。其实，他只是一名普通的大学教授。他之所以能准确地做出预言，是因为他系统地观察了这家航空公司的

“内部结构”，并因此发现这种结构存在很多问题，一味地发展根本解决不了这些问题，而一旦发展出现问题，便会触发这些问题的连锁反应，结果无法挽回。正是基于这个原因，史德门才敢作出那样的断言。

可见，每一个环节的问题，都会影响到其他环节以及整体的结果。整体出现的问题，可能是一个或者多个因素的问题导致的结果。我们生活的这个世界是一个复杂系统，如果只用因果、线性思维去思考，很难看到事情的全貌。要想看清事情全貌，做到“统揽全局”，必须要学会系统思考。只有系统地思考问题，才能看到事情的整体情况，找到相互联系和相互排斥的很多方面，进而找到更切合实际的解决方法。

平时，在提升自己系统思维能力的时候，需要注意两个关键问题：

一是将所面对的事物或问题作为一个整体、一个系统来进行思考分析，从而获得对事物整体的认识，或找到解决问题的恰当办法。

二是做事情要先思考、再抓重点。有的人在做一件事情前，不考虑自己有没有资源，有没有条件，便开始行动，结果往往事倍功半，做了许多无用功。从系统的角度看，做事情之前，先要找到系统的结构，然后根据结构找到可以以一带多的重点或是关键，再据此梳理出事情的脉络，分清轻重缓急。

应用系统思维解决问题，可以让我们跳出思维的局限，更有前瞻性地看待问题，从而提升我们看问题的格局。

整合思维：把握思维的主动权

不管做什么事，善于发挥资源最大效益，善于将自己手中社会资源进行搭配，交互整合，才能实现资源利用最大化，获得最大的收益，这就是整合思维。它是一重要的系统思维。

在现实中，用整合的思维获取资源，就可以创造更多的机会和无限的可能。

有一位老人，在他临死前对朋友说："我这个儿子并不聪明，但是我希望他能够成为世界银行的副总裁，洛克菲勒财团的董事，并成为总统的女婿。"

这位朋友考虑了很久，最后想出了一个办法。他先找到了世界银行的总裁，对他说："我向您推荐一位年轻人。他是洛克菲勒财团的董事，并且即将成为总统的女婿，你愿意任命他为世界银行的副总裁吗?"总裁考虑了一下就答应了。

老人的朋友再去找洛克菲勒财团的董事长，告诉他："我的这个年轻朋友，是世界银行的副总裁，并且即将成为总统的女婿，怎么样？你是否认为他有资格成为洛克菲勒财团的董事?"洛克菲勒财团董事长考虑了一下也答应了。

最后老人如愿以偿，他的儿子成了世界银行的副总裁，洛克菲勒财团的董事和总统的女婿。

如今，我们处于一个信息大爆炸的时代，来自各方面的信息呈现出碎片化的特点，它们缺少逻辑的联系，缺少类型的划分，所以在作用于我们的大脑时，也自然是混乱无序的。我们要在工作和生活中做出正确的判断，就要对这些碎片化的信息做出整合，对我们的思路做出整合，那如何去整合思维呢？

首先，对问题进行全面考虑。

影响思维和工作的因素很多，而且互相制约甚至对立，这个时候需要我们认真分析，做出合理的整合。既避免对立，又形成合力；既关注主导的因素，又不忽略其他因素。

其次，对因果关系进行分析。

所有的因素都不是孤立存在的，它们之间必然发生联系，而且各种关系表现得还很复杂，需要我们做细致入微的分析。如果思考的东西比较简单，只能找出事物间直线性的因果关系。其实，即便是非常显著的彼此独立的事物，也会存在不明显的隐性关系。所以，对任何关系都要从多角度出发，进行多侧面和全方位的观察，以便做出合理的判断。

再次，对各种因素做出排序。

在明确了事物的各个环节之间的因果关系后，就要根据重要程度做出一定的排序，决定先做什么，后做什么，重点做什么，与问题无关的因素应该排除在外。比如当你开始一个项目时，要制订几种方案，哪些应该给予考虑哪些应该否定，哪些应该充实，所有这些都要考虑周到。

最后，制订有效的解决方案。

对于问题的分析和解决，我们习惯于得出一个标准答案，也就是非此即彼。许多时候，这个仅有的方案并非是理想的方案。为了制订出一个可行的，有创意的方案，必须要反复论证，甚至要推倒重来。这样的付出是值得的，也是行之有效的。多做前期的准备工作，后续工作就能更加轻松。而匆忙制订的方案，实施起来一旦出现疏漏，就会让人后悔莫及。

运用整合性思维，需要从不同的角度进行观察，进行多方的验证，需要对照检查每个环节的工作并综合考虑各环节的关系，而不是局限于某些点，只有这样才能考虑到大局，才能把握思考与工作的主动权。

既见树木更要见森林

高手与普通人的最大区别之一，就是新手只看到局部，高手是看到整个系统和系统之外的东西。就像同样是看到一棵树，新手只看到树木，高手却看到了整个森林。

树木和森林是统一的整体，无数的树木组成了森林。树木是典型，是森林的代表，但也有自己的个性。通过分析个性，找出森林的共性来。这就是由点到面，面上的工作展开了，再回到点上，分析、总结、提高和研究，发现新问题，进一步指导面上的工作。

在生活、工作或学习中，如果你遇到了一些问题，尝试了不少方法都没有改进，那你很可能是陷入了思维困局中。这时，你只是在系统内做不痛不痒的改变，是根本跳不出整个系统的困境的，你要学会用系统思维看问题，这样才能既看树木，又见森林。可以这样做：

1. 把整个过程的循环图画出来

当我们用单一的思维看问题时，往往看不到系统性的问题所在。这时候，需要做出改变。首先，可以把我们在生活或工作学习中遇到的问题里的已有做法与环节画出来，再从中发现关键的问题所在。因为借助画图法，可以更加直观地看出问题所在。

2. 优化步骤，或者改变系统模式

在画出过程循环图后，可以直观地看到问题所在，在这个基础上再优化步骤，或改变系统模式，让整体发生真正的改变。

如果你发现自己在这个过程中，不论怎么优化每个地方，都无法改善最终的结果，那么可以说是这个系统本身有了问题。这个时候只有走出系统的困局，才能带来真正的改变。

3. 借助外力走出困局

“不识庐山真面目，只缘身在此山中”。因为人都会受到自我认知的局限，看不到自己本身的问题，所以，需要更专业的人帮你破局。比如，有些企业在经营过程中遇到了一些问题，自己却不知问题所在，需要请专业的顾问帮忙诊断。

现在，很多人更关心个人的名利权，对整体关心不够。即只关心点上的，忽略了面上的。换句话说，只见树木，只想摘果子，不见森林。要用系统思维考虑问题，需点与面结合，你中有我，我中有你，只有将个别的东西放在整体当中才有意义。

【思维练习】

如何逃生

有个男孩掉进瀑布下面的漩涡之中，因为这个男孩平时在游泳池里练游泳，所以，他下意识地往岸边游，每游出几米，就被漩涡重新吸回去，几分钟之后他就丧生了。几分钟以后，漩涡将他冰冷的尸体推到了岸边。

男孩生前拼命想做到，却做不到的事情，在死后一两分钟就做到了。为什么？

解答：

因为在漩涡中，越往边缘游吸力越大，所以，要从漩涡中游出来，最好是先游到漩涡底部，然后再出来。而那个男孩习惯了在平时的水域里面游泳，就越游越远，越游越累，他没有考虑系统中其他环境发生变化时，该如何应对。他着眼自身做出了反应，而不是系统环境。所以，缺乏系统思维害死了他。